ଯୋଗୀଚରିତ

ଯୋଗୀଚରିତ

ଡା. ଦୀନବଂଧୁ ସାହୁ

ବ୍ଲାକ୍ ଈଗଲ୍ ବୁକ୍ସ
ଭୁବନେଶ୍ୱର, ଓଡ଼ିଶା

BLACK EAGLE BOOKS
Dublin, USA

BLACK EAGLE BOOKS

USA address:
7464 Wisdom Lane
Dublin, OH 43016

India address:
E/312, Trident Galaxy, Kalinga Nagar,
Bhubaneswar-751003, Odisha, India

E-mail: info@blackeaglebooks.org
Website: www.blackeaglebooks.org

First International Edition Published by
BLACK EAGLE BOOKS, 2022

JOGI CHARITA
by **Dr. Dinabandhu Sahoo**

Copyright © **Dr. Dinabandhu Sahoo**

All rights reserved. No part of this publication may be reproduced, stored in a retrieval system, or transmitted, in any form or by any means, electronic, mechanical, photocopying, recording or otherwise without the prior permission of the publisher.

Cover: **Dr. Dinabandhu Sahoo**

Interior Design: Ezy's Publication

ISBN- 978-1-64560-272-9 (Paperback)

Printed in the United States of America

ଆତ୍ମଦର୍ଶୀ ଓ

ଅନୁସନ୍ଧିତ୍ସୁ ସମସ୍ତ ଯୋଗୀ,

ଉତ୍ତରିତ ତଥା

ନିତ୍ୟ ଉତ୍ତରଣର ପ୍ରୟାସରେ

ଜୀବନ୍ମୁଖ ସକଳ ମାନବୀୟ ପ୍ରାଣସତ୍ତା,

ଜୀବନନିଷ୍ଠ କର୍ମଯୋଗୀ ସିଦ୍ଧ ଶୁଦ୍ଧ ମହାତ୍ମାମାନଙ୍କ

ପ୍ରଣମ୍ୟ ପାଦ ପଙ୍କଜରେ... ...।

ଯୋଗପୀଠ
ବ୍ରହ୍ମମୟ ଏ ପୃଥିବୀରେ
ପାଦ ଥାପିବାର ସାମର୍ଥ୍ୟ ଓ ସୁଯୋଗ ଦେଇଥିବା
ପରମ ପୂଜନୀୟ ବାପା, ମା

ଜ୍ଞାନାଞ୍ଜନରେ
ଚକ୍ଷୁ ଉନ୍ମୀଳିତ କରିଥିବା
ଶୈଶବରୁ ଆଜିଯାଏ
ବାଟ ଚାଲି ଶିଖାଇଥିବା
ନିତ୍ୟ ଆରାଧ୍ୟ ଗୁରୁକୁଳ

ବିବିଧତାର ଭରପୁର ଭଣ୍ଡାର
ସମଗ୍ର ସଂସାର

ସୃଜନ ଯାତ୍ରାର
କ୍ଲିଷ୍ଟ ବନ୍ଧୁର, ପୀଡ଼ା ମଧୁର
ଅଣ ଓସାରିଆ ପିଚ୍ଛିଳ ପଥରେ
ବିଶ୍ୱାସ, ଭରସା, ତ୍ୟାଗ ଓ ଆଗ୍ରହର
ବର୍ଣ୍ଣିଳ ମୁରୁଜ ଆଙ୍କୁଥିବା
ଆଦରଣୀୟା ପତ୍ନୀ ଡା.ନିବେଦିତା
ପୁତ୍ର ଅମ୍ଳାନ ଅକ୍ଷୟାଂଶୁ ଓ
ସଦା ଶୁଭାକାଂକ୍ଷୀ ସମସ୍ତ ପରିବାର ବର୍ଗ

ସଭିଙ୍କ ନିକଟରେ
ମୋର ସପ୍ରେମ କୃତଜ୍ଞତା ।

କବିତା ସଂକଳନ 'ଯୋଗୀ ଚରିତ'ରେ ସମାହିତ କବିତାଗୁଡ଼ିକ ସମସମୟରେ ସାହିତ୍ୟ ଓ ସର୍ଜନାର ପ୍ରତିନିଧିତ୍ୱ କରୁଥିବା ସୁପ୍ରତିଷ୍ଠିତ ସାହିତ୍ୟ ପତ୍ରିକା ଝଙ୍କାର, କଥା କଥା କବିତା କବିତା, ପଶ୍ଚିମା, ପକ୍ଷୀଘର, ପ୍ରତିବେଶୀ, ସାଗରିକା, ପାହାଚ, ଗୋକର୍ଣ୍ଣିକା, ଲେଖାଲେଖି, ମହୁରୀ, ଅର୍ପିତା, ସାଗର, ନିଶାନ୍ତ, ନିଶାନ୍, ସମୟର ପ୍ରାଚୀଧାରା, ପ୍ରମେୟ (ସମ୍ବାଦପତ୍ର) ଆଦିରେ ପ୍ରକାଶିତ। ସଂପୃକ୍ତ ସାହିତ୍ୟ ପତ୍ରପତ୍ରିକାର ସମ୍ମାନନୀୟ ସମ୍ପାଦକବୃନ୍ଦ ସ୍ୱରଚିତ କବିତାଗୁଡ଼ିକୁ ସାଦରେ ଗ୍ରହଣ କରି ମୋତେ ଉତ୍ସାହିତ କରିବା ସହ ମୋର ସାରସ୍ୱତ ମନନ ତଥା ସୃଜନ କର୍ମକୁ ଆହୁରି ଦୃଢ଼ ଓ ପ୍ରତ୍ୟୟପୂର୍ଣ୍ଣ କରିଥିବାରୁ ସେମାନଙ୍କୁ ମୋର ବିନମ୍ର ପ୍ରଣାମ ତଥା ଆନ୍ତରିକ କୃତଜ୍ଞତା ଜଣାଉଛି।

କବିତା ପୁସ୍ତକଟିର ପ୍ରସ୍ତୁତି ଓ ପ୍ରକାଶନ ଦାୟିତ୍ୱ ନେଇଥିବା କବି ସତ୍ୟ ପଟ୍ଟନାୟକ, ଅଶୋକ ପରିଡ଼ା ଓ ବ୍ଲାକ୍ ଇଗଲ୍ ବୁକ୍ସ୍ ପ୍ରକାଶନ ସଂସ୍ଥାଙ୍କୁ ତଥା ସାହିତ୍ୟରେ ଅନୁରକ୍ତି ପାଇଁ ସଦାସର୍ବଦା ଆଗ୍ରହ ଜନ୍ମାଇବା ସହ ସାହସ ଓ ବିଶ୍ୱାସ ପ୍ରଦାନ କରି ଆସିଥିବା ବହୁ ବରିଷ୍ଠ, ସମସାମୟିକ ତଥା ଅନୁଜ କବି, ଗାଳ୍ପିକ ଓ ପ୍ରାବନ୍ଧିକ ଆଦି ବ୍ୟକ୍ତିବିଶେଷଙ୍କୁ ମୋର ହାର୍ଦ୍ଦିକ କୃତଜ୍ଞତା ଜଣାଉଛି। ଏ ଅବସରରେ ଦିବଂଗତ ସାଥି ଅଖିଳ, ପ୍ରିୟବନ୍ଧୁ ପରମେ, ଅମୀୟ ଭାଇ, ଭରତ ସାର୍, ଲଳିତ ଦା', ସୁକାନ୍ତ ବାବୁ, ସାହିତ୍ୟିକ ସୁଶାନ୍ତ ଲେଙ୍କା ଓ ଶରତଙ୍କ ପରି ଅନେକଙ୍କ ସମୟାନ୍ତର ଅନାବିଳ ଶ୍ରଦ୍ଧା ତଥା ଗ୍ରହଣୀୟତା ମୋତେ ଆଜୀବନ ଋଣୀ କରି ରଖିବ ନିଶ୍ଚୟ।

'ଯୋଗୀଚରିତ'ର ଇତିବୃତ୍ତ

ସଂସାର ସୃଷ୍ଟ ସମସ୍ତ ଛପନକୋଟି ଜୀବଜନ୍ତୁ ଓ କୀଟପତଙ୍ଗ ମଧ୍ୟରେ ମଣିଷ ଶ୍ରେଷ୍ଠ, ନିଜସ୍ୱ ବିଚାରବୋଧ ଓ ବିବେକର କ୍ରିୟାଶୀଳତା ଯୋଗୁଁ। "କର୍ମେ ଜିଏଁ ନର, କର୍ମ ଏକା ତା'ର ଜୀବନର ମାନଦଣ୍ଡ" - ଯୋଗଜନ୍ମା କବି ଉତ୍କଳମଣି ଗୋପବନ୍ଧୁଙ୍କ ଏ ସଦାସିଦ୍ଧ କାବ୍ୟୋକ୍ତି ଅତ୍ୟନ୍ତ ପ୍ରାସଙ୍ଗିକ ଓ ଯଥାର୍ଥ ମନେହୁଏ ଏଥିପାଇଁ କି କର୍ମ ହିଁ ସଫଳ ଜୀବନର ଏକମାତ୍ର ଅବଲମ୍ବନ। ଆହାର, ନିଦ୍ରା, ମୈଥୁନ ମଣିଷର ପ୍ରାଥମିକ ଆବଶ୍ୟକତା ହୋଇଥିବା ବେଳେ କର୍ମ ହିଁ ଆମକୁ ଧାରଣ କରିଥାଏ ଏବଂ ଆମେ ଆମର କର୍ମ ମାଧ୍ୟମରେ ଜୀବନର ପରିପୂର୍ଣ୍ଣତା ଓ ସ୍ୱାଦ ପ୍ରାପ୍ତି କରିଥାଉ, ନିଜସ୍ୱ ପରିଚୟ ସୃଷ୍ଟି କରିଥାଉ।

ନିଜସ୍ୱ କର୍ମ ସହ ଆତ୍ମଲୀନ ସଂଶ୍ଳିଷ୍ଟତା ହିଁ ଯୋଗର ବାସ୍ତବ ରୂପ। ବ୍ୟକ୍ତିବିଶେଷର ଉତ୍ସର୍ଗୀକୃତ ସ୍ୱାର୍ଥୋତ୍ତର କର୍ମପ୍ରବଣତା ଓ ତଲ୍ଲୀନ ସ୍ଥିତି ତା'ର ଜନ୍ମ ଓ ଜୀବନର ମାପକାଠି। ଉଭୟ ପ୍ରାପ୍ତି ଓ ଅପ୍ରାପ୍ତିର ଊର୍ଦ୍ଧ୍ୱରେ କର୍ମନିଷ୍ଠା ଓ କର୍ମସଂପୃକ୍ତି ହିଁ ଯୋଗୀର ଆତ୍ମଚରିତ। ସକଳ ବିରୋଧାଭାସ ସତ୍ତ୍ୱେ ନିର୍ଲିପ୍ତ ଜୀବନନିଷ୍ଠା ଯୋଗୀ ଜୀବନାନୁରାଗର ନିଦର୍ଶନ। ଜୀବନ ପଥରେ ଉଭୟ ଅନ୍ଧାର ଓ ଆଲୋକର ନିର୍ବିକାର ଅଥଚ ଆବେଗିକ ସ୍ୱାଦାନୁଭବ ଯୋଗୀ ଜୀବନର ଉତ୍ତରଣ। ଉଭୟ ସୁଖଭୋଗ ଓ ଦୁଃଖଭୋଗର ସୀମା ସରହଦ ଡେଇଁ ମହାକାଶ ପରିବ୍ୟାପ୍ତ ତା'ର ପ୍ରଶାନ୍ତ ଚେତନା ଓ ଅବବୋଧ। ଯୋଗୀ ଜୀବନର ଉପଲବ୍ଧି ଏକ ଆଧ୍ୟାତ୍ମିକ

ଭାବଜଗତର ମହନୀୟ ପ୍ରାପ୍ତି। ଯୋଗୀ ଜୀବନର ନିର୍ଯାସ ହିଁ ଜୀବନ ଦର୍ଶନ ପ୍ରତି ନିଷ୍କପଟ ଆତ୍ମୀୟତାର ସ୍ୱର, ଅନ୍ତରଙ୍ଗତାର ମଧୁର ଅନୁରଣନ, ପରିପକ୍ୱ ଘନୀଭୂତ ଅନ୍ତର୍ଦୃଷ୍ଟି, ତତ୍ତ୍ୱଦର୍ଶୀ ଆଲେଖ୍ୟ ଓ ଉଚ୍ଚାରଣ। ଘନଘୋର ସଂସାର ମଧ୍ୟରେ ସେ ସଂସାର ନିର୍ଲିପ୍ତ। ନିରଳସ ସାଧନାର କ୍ରମିକ ସୋପାନରେ ଯୋଗୀ ଜୀବନକମଳର ପ୍ରସ୍ଫୁଟନ। ଜୀବନ ଓ ଜଗତ ପାଇଁ ପ୍ରେମାକୁଳତା, ସର୍ଜନାର ଆତ୍ମିକ ଆବାହନ ହିଁ ଅମୃତମୟ ଯୋଗଯାତ୍ରା। ସାଧାରଣ ଭାବେ ରକ୍ତମାଂସର ଦେହଧାରୀ ହେଲେ ହେଁ ଚେତନା ଓ ବୌଦ୍ଧିକ ଜଗତରେ ସେ ବ୍ରହ୍ମସତ୍ୟର ପରମ ଓ ନୈଷ୍ଠିକ ଉପାସକ। ଉଭୟ ସ୍ରଷ୍ଟା ଓ ଦ୍ରଷ୍ଟାର ସ୍ଥିତିକୁ ଉତ୍ତରିତ ତା'ର ମାନବୀୟ ସତ୍ତା ଏକାନ୍ତ ଈଶ୍ୱରୀୟ। ଆତ୍ମାନୁଶୀଳନ ଓ ଅନ୍ତର୍ମଗ୍ନତା ଯୋଗୀ ଜୀବନର ଦିବ୍ୟତ୍ୱ। ଆତ୍ମଗତ ସାଧନା ଓ ଗଭୀର ଜୀବନଦର୍ଶନରେ ଯୋଗୀ ଜୀବନର ନୈସର୍ଗିକ ପ୍ରାପ୍ତି। ଯୋଗୀପାଇଁ ଉଭୟ ପାର୍ଥିବ ଓ ଅପାର୍ଥିବ ଅଭିଜ୍ଞତାର ପୁଲକ ହିଁ ଆତ୍ମ ସଂଶୋଧନର ସଶକ୍ତ ସଂସାଧନ। ଆହ୍ଲାଦିତ ହୃଦୟରେ ଚୈତନ୍ୟର ନବଜାଗରଣ ଓ ପରିପୁଷ୍ଟି, ଯୋଗୀର ଇପ୍‌ସିତ ଆକାଂକ୍ଷା ଓ ନିଃସର୍ତ୍ତ ସମ୍ମୋହନ। ଦୃଢ଼ ପ୍ରତ୍ୟୟ ଓ ଆତ୍ମଶକ୍ତି ହିଁ ଯୋଗୀର ପରମସମ୍ବଳ ଓ ସାମର୍ଥ୍ୟ।

'ଯୋଗୀଚରିତ' କବିତା ସଂକଳନରେ ସଂକଳିତ କବିତାଗୁଡ଼ିକ ମୁଖ୍ୟତଃ ଜୀବନଧର୍ମୀ ଓ ଜୀବନବାଦର ଉଦ୍‌ଘୋଷକ। ଜନ୍ମରୁ ଜୁଇଯାଏଁ ପ୍ରଲମ୍ବିତ ଜୀବନାବଧିର ଭୁକ୍ତ ଅଭୁକ୍ତ ବିବିଧ ଘଟଣା ପ୍ରବାହର ଦାର୍ଶନିକ ଦୃଷ୍ଟିଭଙ୍ଗୀ ଓ ଆତ୍ମିକ ଅନୁଭବ ହିଁ 'ଯୋଗୀଚରିତ'ର କାବ୍ୟାମୃତ। ସନ୍ନିହିତ କବିତାଗୁଡ଼ିକ ମଧ୍ୟରେ କେତୋଟି କବିତା ଯୋଗନିଷ୍ଠ ସତ୍‌ପୁରୁଷ ଉତ୍କଳମଣି ଗୋପବନ୍ଧୁ, କର୍ମଯୋଗୀ ଅବଦୁଲ କଲାମ୍, ବିପ୍ଳବୀ ରବି ସିଂ, ସେବା ମମତାର ମୂର୍ତ୍ତିମନ୍ତ ଦେବୀ ମଦର୍ ଟେରେସା ଏବଂ ଚିତ୍ରଯୋଗୀ ତାରକ ଶଙ୍କରଙ୍କ ଉଦ୍ଦେଶ୍ୟରେ ଉତ୍ସର୍ଗିତ। ସଂରଚିତ ସମସ୍ତ କବିତା ମଧ୍ୟରୁ କେହି ବି କୌଣସି ଆତ୍ମାନୁସନ୍ଧିତ୍ସୁ କାବ୍ୟପ୍ରେମୀ ପାଠକ, ପାଠିକାଙ୍କୁ ଆପ୍ଳୁତ କରିପାରିଲା, ତାହା ହିଁ ମୋର କବିତା ରଚନାର ସାର୍ଥକ ଓ ସର୍ବଶ୍ରେଷ୍ଠ ଆନନ୍ଦମୟ ପ୍ରାପ୍ତି ହେବ।

ଦୀନବଂଧୁ ସାହୁ

ସୂଚିପତ୍ର

କବି କି !	୧୫
ଅନ୍ଧ ଲୋକର କଥା	୧୭
ଗୁଡ଼ି	୧୯
ବିଭକ୍ତ ବାଦ୍‌ଶାହା	୨୨
ପ୍ରେମ ପାରିଜାତ	୨୫
ଦୋଳକ	୨୮
ଭଙ୍ଗା ସିଲଟ	୩୧
ଗ୍ରୀନ୍ ରୁମ୍	୩୫
ଏପରି ହୁଅନ୍ତା କି !	୩୮
ସେଇ ବଂଶୀ ଖଣ୍ଡିକ	୪୦
ଗୋପନ କଥା	୪୨
ବଂଶୀବାଦକ ହେ !	୪୪
ଫେରି ପାଆନ୍ତି କି... !	୪୬
କାହା ଡାକରେ କେଜାଣି	୪୯
ସନ୍ଧି	୫୧
କାରାବାସ	୫୩
ଚାହିଁ ବସିଛି	୫୫
ଯିବୁ ତ ଯା’	୫୯
ଘରଗଡ଼ା	୬୧
ମନ୍ତ୍ରାୟନ	୬୩
କବିର ଦମ୍ଭ	୬୬
ଯାତ୍ରା	୬୯

ଦେବମାନବ ହେ	୭୧
ଅକବିର କବିତା	୭୩
ସଲାମ୍ କଲାମ୍	୭୬
ଦେବଦୂତଙ୍କୁ	୭୮
ବୋଲକରା	୮୧
ମହାର୍ଘ ଏ ବେଳ	୮୩
ଘରପୋଡ଼ି	୮୫
ନିରବତାର କଥା	୮୮
ସେବିକା ପ୍ରତି	୯୧
ଅନ୍ନମୟ କୋଷ	୯୪
କ୍ଷୁଧାସ୍ଥାନ	୯୭
ସେ ଆସିଥିଲେ	୯୯
ଯୋଗଯାତ୍ରା	୧୦୨
ବିଶ୍ୱବୋଧ	୧୦୪
ବନ୍ଦୀର ଆମ୍ଳିପି	୧୦୭
ମଶାଣି	୧୦୯
ଭସାଣି	୧୧୧
ପୁଷ୍ପାୟନ	୧୧୪
ଉର୍ଦ୍ଧ୍ୱର୍ଷି ଈଶ୍ୱର	୧୧୬
ସଦା ବିଜୟୀ ରବି ସିଂ	୧୧୮
ବନ୍ଧୁଭେଟ	୧୨୦
ଯେତିକି ଜାଣିଚି	୧୨୨
ଯୋଗୀଚରିତ	୧୨୪
ଡେଣା	୧୨୭
ଆ. କା. ମା. ବୈ	୧୨୯
ନିରବ ଯୋଗ	୧୩୨
ଅଗ୍ନି ପରୀକ୍ଷା	୧୩୪
ଚିତ୍ରଶାଳା	୧୩୭
ରୂପଜୀବୀ	୧୪୦
ତାରକ ଶଙ୍କର	୧୪୨
କଫିନ୍ରେ ତୁ	୧୪୬
ଜାଣିଚିରେ ଭଅଁର	୧୪୮

କବି କି !

କେହି ଜଣେ ରସିକ
ମନଉଦ୍ୟାନର ମାଳୀ
ଲେଖନୀ ମୂନରେ ଗୋଟି ଗୋଟି
ଗୁନ୍ଥିଚାଲିଛି ଶବ୍ଦକଳି, ଆକାଂକ୍ଷା...
ଲାଗି କରିବ ହୃଦୟଦିଅଁଙ୍କୁ
ଭାବାର୍ଦ୍ର ଶବ୍ଦ ଗଜରା
ଗହଗହ ଚହଟାବାସର... ।

ତୃଷାର୍ତ୍ତ କେହିଜଣେ
ଜହ୍ନରାତିର ଜହର ପିଇ
ଘରବିମୁଖା ରଚିଛି ନିଃସଙ୍ଗ ଯାତ୍ରା
ସ୍ୱୟଂକୁ ଯାଚି ଦେବାକୁ ସନ୍ନ୍ୟାସ
ଇପ୍‌ସିତ ଉତ୍ତରଣ,
ଢ଼ଳଢ଼ଳ ଆଖିରେ ତା'ର
ମିଠାମିଠା ଅମୃତର ଅନ୍ୱେଷା... ।

କେହି ଜଣେ ନିରବ ନାବିକ,
ଭାବ ଦରିଆରେ ସଦାକାଳ
ମାରି ଚାଲିଛି ଆବେଗର ଆହୁଲା

ଭେଟିବାକୁ ନଈ ସେପଟର ଦୃଶ୍ୟ
ଉଦୟୀ ସୂର୍ଯ୍ୟର ଆଭା
ବିକ୍ଷିପ୍ତ ଆକାଶର ସିନ୍ଦୁରିତ ସୁଷମା... ।

ମଗ୍ନତପୀ, କେହି ଜଣେ ଦଧିଚୀ
କଳାର କଷଟିରେ କଳିଚାଲିଛି ନିଜକୁ
ଦୁଃଖ ଭୋଗି ଅନ୍ଧାରରେ
ଅଣ୍ଡାଳୁଛି ଆଲୋକ
ବଂଚିମରି ବାରବାର
ଭାଙ୍ଗି ଗଢ଼ି ନିଜକୁ
ଖୋଜୁଛି ଅହରହ
ବିମୁକ୍ତିର ପଥ...
ଛାତି ତଳେ ସାଇତିଛି
ଆତ୍ମତୃପ୍ତିର ଅସରନ୍ତି ଅଭୀପ୍ସା ।

■

ଅନ୍ଧ ଲୋକର କଥା

ସାରାକାଳ
ଅନ୍ଧାରରେ ବୋଲି ତ'
ସୋରାଏ ଆଲୋକକୁ ଅପେକ୍ଷା
ଅପେକ୍ଷା ବିମୁକ୍ତିର ଅନ୍ଧାରି ଗୁହାରୁ... ।

ଏ ଯାଏଁ ବଞ୍ଚିଛି ଯେଉଁ ପୃଥିବୀ
ମୋ ପାଇଁ ତା'ଘନ ଅନ୍ଧାରର ଘର,
ଜୀବନର ଉପହାସ
ହତାଶା ଓ ନିରାଶା ବତୁରା
ମରୁ ମରିଚିକା...,
କଳା କୁହୁଡ଼ିର ଘେର ।

ଅନ୍ଧ ମୁଁ,
ବିଦଗ୍ଧ ବିଶାରଦ ଅନ୍ଧତ୍ୱର,
ଅନ୍ଧାରକୁ ଯେ ସାଥୀ କରି
ଚାଲିଛି ବାଟ... ଅଗମ୍ୟ, ଦୁର୍ଗମ
ଅନୁଭବଠୁଁ ବା' ଅଧିକ
ଜାଣିବ କେ ଅନ୍ଧାରର ସ୍ୱାଦ

ଜୀବନ ଯାତ୍ରାର ପୀଡ଼ା ଓ ପରାଶ
କେତେ କ୍ଲିଷ୍ଟ ବର୍ଷ, ମାସ, ଦିନ, ଦଣ୍ଡ
ବଞ୍ଚିବାରେ ଅନ୍ଧାରର ଜରାୟୁରେ,
ଅବିରାମ ଯୁଝିବାରେ ଜୀଇଁବାର ଯୁଦ୍ଧ ।

ଅପେକ୍ଷାରେ ଚିରକାଳ
କିଏ ସେଇ ସ୍ରଷ୍ଟା ! ମହାମହିମ
କିଏ ସେ ଈଶ୍ୱର !

କାହାର ସେ ଦେବୋପମ ସ୍ପର୍ଶ
ଆପଣାପଣରେ ନାଇଦେବ ଆଲୋକ ଅଞ୍ଜନ
ଚଲାପଥ ହେବାକୁ ଚର୍ଚ୍ଚିତ, ସୁଗମ,
ଚଲାବାଟେ ଚାଲୁଚାଲୁ
ଅଚିହ୍ନା ଶୀତ୍କାରରେ ସାଉଁଟିବି
ସୁଖଦ ଜହ୍ନ ଆଉ ତାରାଙ୍କ ଔଜ୍ଜଲ୍ୟ,
ଆପେ ଭାଙ୍ଗି ଗଢ଼ିବି
ଆତ୍ମବିଶ୍ୱାସର ଅମରାବତୀ
ଦ୍ୟୁତିଦୀପ୍ତ ସୌଧଶତ ଗଡ଼
ଅଙ୍କୁରିତ ଆଶା ଆକାଂକ୍ଷାର,
ପଲ୍ଲବିତ ସ୍ୱପ୍ନସବୁ ହେବାକୁ ସାକାର ।

■

ଗୁଡ଼ି

ଜାଣିଚି,
କ୍ଷଣିକ ଏ ଉନ୍ମାଦନା
ଅଦମିତ ଆସ୍ପର୍ଦ୍ଧାର ପୁଲକ
ଆକସ୍ମିକ ଦିନେ, ଛିଣ୍ଡିଯିବି ନଟେଇରୁ ଅତର୍କିତ
ସରିବ ଭାବ ପୀରତିର ଖେଳ... ।

ମାପିଚୁପି କେତେ ଅବା ସାମର୍ଥ୍ୟ
ପ୍ରେମ ମାଂଜଦିଆ ଏ ସଂପର୍କ ସୂତାର
ଜୋର୍ ଟିକକ ଯାହା,
କେବେ ଛୁରୀଠୁ ଅଧିକ ତ'
କେବେ ଫୁଲଠୁଁ ତତୋଧିକ,
ସମ୍ବଳ, ଚେନାକ ଆହ୍ଲାଦ
ଅପରକୁ ଆନନ୍ଦ ବାଣ୍ଟିବାର,
ଭାଙ୍ଗୁ ନ ଥିବା ଜିଦ୍,
ବିଭୋରପଣ ଆକାଶ ଚଢ଼ିବାର... ।

ଜାଣେ
କାଗଜ ଫର୍ଦ୍ଦକର ଏ ଦେହରେ
ଲେଖା ମୋର ଭାଗ୍ୟ, ଭବିତବ୍ୟ

ସୁଖ ଦୁଃଖ ଜୀବନ ବୃତ୍ତାନ୍ତ
ଚିକିନିଖି ହିସାବ ନିହିତ ଆୟୁଷର
ଝଡ଼ିଯିବାର ଉପସଂହାର
ବାସ୍ନା ସଂଚରୁଥିବା ରକ୍ତରଙ୍ଗ ପାଖୁଡ଼ାର... ।

କେତେବେଳେ
ପବନର ଲଳିତ ସଂସର୍ଗରେ ତ
କେବେ ନୀରବତାର
ଶାନ୍ତ ନିବିଡ଼ ଆଲିଙ୍ଗନରେ
ମୁଗଧ୍ ମୁଁ ସ୍ଥିର, ଯୋଗାସୀନ
କେବେ ବିଦଗ୍ଧ
ଶୂନ୍ୟତାର ଅଗ୍ନିସ୍ନାନରେ ମହାକାଶର
ନିର୍ମମ ନିଦାଘ ଏକ୍ଲାପଣର... ।

ସିଏ ହିଁ ମୋ ଭାଗ୍ୟ ବିଧାତା, ତ୍ରାଣକର୍ତ୍ତା
ଯେଉଁ ଅଦୃଷ୍ଟ ଈଶ୍ୱରଙ୍କ
ହାତରେ ଏ ନଟେଇର ନିୟନ୍ତ୍ରଣ
ଯାହାଙ୍କ ଇଙ୍ଗିତରେ ଉତ୍‌ଥାନ, ପତନ
ନୀଳନଭରେ ଉଡ଼ାଣର ସଂଯତ ଜୀବନ୍ୟାସ
ସନ୍ତରଣର ସତତ ପ୍ରୟାସ... ।

ଜାଣେ
ଅସହାୟତାର ବେଡ଼ି ପିନ୍ଧି
ଖସି ପଡୁଥିବାବେଳେ କେବେ କେବେ
ଚିରନ୍ତନ ମୃତ୍ୟୁର କୋଳକୁ

ମାଟି କାହିଁକି ମନେହୁଏ ମମତାମୟୀ
ଆକାଶ ଠୁଁ ବି ଅଧିକ ମହାନ୍,
ଅଧିକ ନିଜର... ।

ଜାଣେ, ଅବଶ୍ୟମ୍ଭାବୀ
ଦିନେ ନା ଦିନେ ଚୁମିବ ମୋତେ
ମୃତ୍ୟୁର ହିମ ଶୀତଳ ଆଲିଙ୍ଗନ... ।

ବିଭକ୍ତ ବାଦ୍‌ଶାହା

କିଏ ସେ,
କାହିଁକି, କାହା ଡ଼ାକରେ ଆଜି ଆନମନା
କେଉଁ ସବୁଜ ମାୟାର ଆଲିଙ୍ଗନରେ... !

ସେ
ବୟସ ବାଟରେ ଆଙ୍କିଛି ପୂର୍ଣ୍ଣଚ୍ଛେଦ
ଲେଖୁଛି ଦେହ ବିଦେହର ବର୍ଣ୍ଣବୋଧ
ଅଙ୍ଗେନିଭା ଜୀବନ
ଆଖିଦେଖା ଜଗତର
ସତ୍ୟ ଅସତ୍ୟକୁ ପରଖୁଛି
କେବେ ମଶାଣି ତ କେବେ ଫୁଲବଣ
କେବେ ମାଟି ତ କେବେ ମହାଶୂନ୍ୟ
ଥାଇ ନ ଥିଲା ପରି
ପଦ୍ମପତ୍ରର ନୀର ପ୍ରାୟେ ତା' ସ୍ଥିତି
ସହସ୍ର ଯୋଜନରେ
ଜନ୍ମ, ଜରା, ମୃତ୍ୟୁର ନିର୍ଦ୍ଦିଷ୍ଟ ସ୍ପର୍ଶରୁ... ।

କେବେ ନିଆଁ ତ,
କେବେ କଣ୍ଟାର ଆଘାତ
କେବେ ଆନନ୍ଦିତ ରକ୍ତାକ୍ତ ଖଣ୍ଡାଧାରରେ
ଲହୁ ଲୁହାଣ କେବେ,
ଏକା ଏକା ନିଃସଙ୍ଗ ସୈନିକ
କୋମଳ କଠୋର ସୃଜନ ଶାସ୍ତିରେ
ପ୍ରେମ ଆଉ ପ୍ରବଞ୍ଚନାର
ଜଉଦିଆ ଯୂପକାଠରେ... ।

ସେ କେବେ ମହକିତ ମୃଦୁମୃଦୁ
ଚର୍ଚ୍ଚିତ ଫୁଲ, ଚନ୍ଦନର ସୁବାସରେ
କେବେ ଆତ୍ମସ୍ଥ
ଅନ୍ଧାର ଓ ଆଲୋକର
ଅବ୍ୟକ୍ତ ଆଲୋଡ଼ନରେ... ।

ଆଖିଏ ସ୍ୱପ୍ନରେ
କିଏ ସେ ବାଟୋଇ
ଅଫେରା ପଦାତିକ
କାନ୍ଧରେ ଭରାପସରା ଭାବଐଶ୍ୱର୍ଯ୍ୟର
ଶରାହତ ଅହରହ ଈର୍ଷା, ଅସୂୟା
ଗୋଚର ଅଗୋଚର
ନିଶବ୍ଦ ଷଡ଼ଯନ୍ତ୍ରର... ।

ଧ୍ୟାନ ମୁଦ୍ରାରେ
କିଏ ସେ ଯୋଗୀବର
କାହିଁକି କାହା ଡାକରେ ସହୁଚି
ଦହନ ଓ ଦୁର୍ଭାଗ୍ୟର ଅସରନ୍ତି ପୀଡ଼ା

ବୁକୁରେ ସାଇତିଛି ମରୁହ୍ରଦର ଶୋଷ
ନବୋନ୍ମେଷର ଆକୁଳ ପ୍ରତୀକ୍ଷାରେ
ନିୟତ ଚୋଲୁଛି
ନୀରବତାର ମହାଯଜ୍ଞ... ।

ପାଇ ନ ପାଇବା
ହାରି ନ ହାରିବା
ପୂର୍ଣ୍ଣତା ଓ ଶୂନ୍ୟତାର
ଫେଣ୍ଟାଫେଣ୍ଟି ଆଶ୍ଳେଷରେ
ସ୍ଥିର ଅଧୀର, ଆତୁର ବିଭୋର
କିଏ ସେ ! ସଦା ସୁମଣ୍ଡିତ
କାରୁଣ୍ୟର କୌସ୍ତୁଭ ମଣିରେ
ସୁରୂପ ସୁକାନ୍ତ
ସର୍ଜନାର ମହାମୁକୁଟରେ... ।

କିଏ
କିଏ ସେ ! ବିଭକ୍ତ ବାଦ୍‌ଶାହା ! !
କେଉଁ ଅମୃତ ଟୋପାକ ସନ୍ଧାନରେ
ନିଜେ ନିଜେ କ୍ରୁଶବିଦ୍ଧ
ନାଟ ମଣ୍ଡପରେ... ।

■

ପ୍ରେମ ପାରିଜାତ

ଏ ଯାଏଁ ଯା' ଜାଣି ନ ଥିଲି
ଏବେ ଜାଣୁଚି ।

ପ୍ରେମ ଯେ ଏକ ଶିଉଳିଲଗା ଶିଢ଼ି
ଦିଅଁ ଦରଶନକୁ ସିଦ୍ଧ ମନ୍ଦିରର ।

ଭେଟିଲା ପରଠୁ,
କେଉଁ ଏକ ଅଚିହ୍ନା ଦେବଦ୍ୱର
ସନ୍ଧାନରେ ଆମେ
ପିଛିଳ ଏ ଚଲାବାଟରେ ଆଗପଛ ।

ବଡ଼ ଅଜବ ଏ ଅନୁଭବ
ବେପରୱା ସାଲିସ୍ ବିହୀନ ଏ ଯାତ୍ରା,
ଅପରିଚିତ ଏ ବାଜି ଖେଳରେ
କେଉଁଠି କିଏ ହଜେଇଛି ଜୀବନ ତ
ଅହରହ ଜୀଉଁଛି କିଏ କଙ୍କାଳ ମେଳିରେ
କେଉଁଠି ରକ୍ତହୋରି ତ
କେଉଁଠି ଭାବନଈରେ ସ୍ୱପ୍ନରାସ
କେଉଁଠି ଫୁଲ ଚନ୍ଦନର ବର୍ଷା ଛିଟା ତ

କେଉଁଠି ରସସ୍ନାତ ହୃଦୟାଭିଷେକ
ସଫେଦ, ମନଜହ୍ନର ଉନ୍ମୁକ୍ତ ଅଗଣାରେ... ।

ଏବେ ବି ଅଜ୍ଞାତ
ଭୋଗ ଥାଳିରେ କିଏ, କାହିଁକି
ସଜାଇଛି ଗୁପ୍ତ ପ୍ରତାରଣା,
ନୈବେଦ୍ୟରେ ଆଶା ଆଶଙ୍କାର ଆଚମନ
କାହାର ପୁଣି ଏ ଯୋଗାରୂଢ଼ ମନ୍ତ୍ରପାଠ
ଅନୁପମ ଅନୁଭବ ନୀଳ ନିର୍ବାଣର ।

ଏଇ ତେବେ ପ୍ରେମର ପାରିଧି,
କୂଳଲଂଘା
ଉଲ୍ଲାସ
ଉଦଧୀ !

କଳ୍ପଲୋକଠୁଁ ଏଣେ
କାହିଁ କେତେ ଦୂର
ବାସ୍ତବତାର ଭଙ୍ଗା ଚାଳଘର ।

ସଞ୍ଜ ନ ବୁଡୁଣୁ ଯେ
ଫେରିବାକୁ ହେବ
ଝାଟିମାଟିର ନିଆରା ନୀଡ଼କୁ
ମାନ ଅଭିମାନ ଅହଂକାର ଉଜେଇଁ
ବିଜୟୀ ପୁଲକରେ
ପରମ
ପ୍ରେମୀ ପୁଙ୍ଗବର ।

ସଂକଳ୍ପ,
ପାରିଜାତ ହାତରେ ଭେଟିବି ତୁମକୁ,
ବିନା ପ୍ରତ୍ୟାଶାରେ ତୃଷ୍ଣାମୟୀ
ତମେ ଯେ ଜଗିଛ
ଫେରନ୍ତା ବାଟକୁ ମୋର...
କବାଟ କଣରେ ଅପଲକ
ସ୍ନିଗ୍ଧ ସଜଳ ଚାହାଣିରେ
ଆତ୍ମୀୟପଣର ପର୍ଣ୍ଣ କୁଟୀରରେ ।

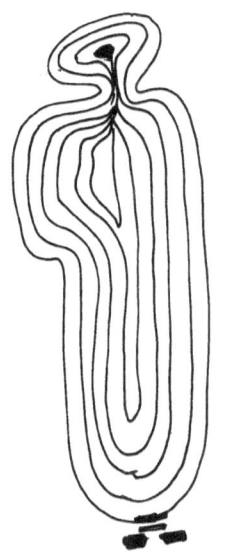

ଦୋଳକ

ସୁଖ ଦୁଃଖ,
ପାପ ପୁଣ୍ୟ,
ଧର୍ମ ଅଧର୍ମ,
ସତ୍ୟ ଅସତ୍ୟ,
କର୍ମ ଅକର୍ମ,
ମିତ୍ରତା ଓ ବିଶ୍ୱାସ ଘାତକତାର
ଦୁଇ ପ୍ରାନ୍ତ ବିନ୍ଦୁର ଭୋଗ ବୈରାଗ୍ୟରେ
ଦୋଦୁଲ୍ୟ ମୋ କୃତି ଓ କୀର୍ତ୍ତି
ଅସରନ୍ତି ଚିନ୍ତା ଚେତନା
ଚିତ୍ର ଓ ଚରିତ୍ର... ।

କିଏ ସେ,
କିଏ କାହିଁକି ହାତଧରି ଡାକିନିଏ
ସର୍ବୋଚ୍ଚ ଶିଖରକୁ ପୁଣ୍ୟ ପାହାଚର
ଅନ୍ତିମ ଉଲ୍ଲାସର ଉନ୍ମାଦନାରେ
ଶିହରିବାକୁ ଶିରା ପ୍ରଶିରା
ଗାଢ଼ରକ୍ତରେ ପ୍ରଖର ହେବାକୁ
ଶତ ସହସ୍ର ଧମନୀର ଧାରା... ।

କିଏ ସେ,
ପୁଣି ରକ୍ତ ଧରିବାକୁ ପିଙ୍ଗଳ ବର୍ଣ୍ଣ
ଲହୁ ଲୁହାଣ କରି ନିର୍ମମ ଫିଙ୍ଗିଦିଏ
ପଙ୍କିଳ ପାପର କର୍ଦ୍ଦମାକ୍ତ ନିଭୃତ କୋଠିକୁ
ନିସ୍ତେଜ, ନିଃସହାୟ...,
ନିଷ୍ପେସନାର ନିଷ୍ଠୁର ନିର୍ଘାତ
ରକ୍ତରଙ୍ଗା ଚାବୁକ୍ ମାଡ଼ରେ
ଦିଶିବାକୁ ତ୍ରସ୍ତ, ତିରସ୍କୃତ
ଅସୀମ ପାପବୋଧରେ
ବିକଳ ଓ ବିକଳାଙ୍ଗ,
ଅତିଷ୍ଠ ଓ ଅସହାୟ,
ତପ୍ତ, ତ୍ୟକ୍ତ ଗଭୀର ଗର୍ତ୍ତରେ
ଆତ୍ମଗ୍ଳାନିର... ।

କିଏ,
କିଏ ସେ ଅଦୃଶ୍ୟ ବିନ୍ଧାଣି !
ରଚନାତୁର କାହା ଇଙ୍ଗିତରେ ମୁଁ
ସ୍ୱର୍ଣ୍ଣଶାୟୀ ଭାସମାନ କାଠଗଣ୍ଡି
ଜୀବନ ସୁଅର
କୋହ ଆଉ ଦ୍ରୋହର
ନିରବ, ନିରୀହ ପ୍ରତିବାଦରେ ଅହରହ
କେବେ ଏ କୂଳ ତ କେବେ ସେ କୂଳ
ଲକ୍ଷ୍ୟହରା ବିବାକ୍ ବେଦୁଇନ୍
ଆଦିଗନ୍ତ ତୃଷ୍ଣାଦଗ୍ଧ 'ମରୁ' ମରିଚୀକାର... ।

ଦୋଳକ ମୁଁ ନାଚର
ନିଜ ନିହାଣରେ ନିଜେ କି ଆଉ,

ନିୟନ୍ତ୍ରଣହୀନ !
ଉତ୍କ୍ଷିପ୍ତ, ଉଦ୍‌ଭ୍ରାନ୍ତ
ଆତ୍ମଘାତୀ ତ୍ରିଶଙ୍କୁ !
କଳଙ୍କିତ ଅବରୂପ,
ସଂଦିଗ୍ଧ ସ୍ୱରୂପ,
ମୁଁ କି ଭିନ୍ନ ଏକ
ଝୁଲନ୍ତା ଈଶ୍ୱର... ! !

■

ଭଙ୍ଗା ସିଲଟ

ନିତି ନିତି ନୂଆପଣରେ
ଚକ୍ ଚକ୍ କରୁଥିବା
ମୋ ସିଲଟ ଖଣ୍ଡିକ
ଏବେ ଭଙ୍ଗା, ସାତଫଟା... ।

ପୋଷେ ରକ୍ତ
ପୋଷେ ସ୍ୱେଦ
ମୁଠା କେତେ ମେଦ
ଚିରୁଡ଼ା ଚିରୁଡ଼ା ଚେତନା
ଅଡୁଆ ତଡୁଆ
ମେଞ୍ଚାଏ ମଞ୍ଜି ଭାବନାର
ମିଳିତ ଭାଗିଦାରୀରେ ଗଢ଼ା
ମନ ମଗଜର ଏ କ୍ଷଣ ଭଙ୍ଗୁର ସିଲଟ... ।

ନଈ ପାଣି ନଈକି ଯା'
ମୋ ସିଲଟ ଶୁଖି ଯା'
ବିଶ୍ୱାସକୁ ବଳବତ୍ତର କରୁଥିବା
ଏ ମହାମନ୍ତ୍ରରେ ଆଉ ସାଜିହେବ କି ନାହିଁ

ଭଙ୍ଗା ସିଲଟର ସ୍ୱରୂପ, ସନ୍ଦେହ
ସନ୍ଦେହ, ସତେ କି ଲିଭିବ
ସିଲଟ ଛାତିରେ ଦାଉଦାଉ
ବିନ୍ଦୁ ବିନ୍ଦୁ ରକ୍ତ ଛିଟା, କଳଙ୍କ କଣିକା
ଜଳନ୍ତା, ଏ ଲୁହଲେଖାର ଅକ୍ଷର... ।

ଏ ଯାଏଁ ଯେଉଁ ମୋହରେ
ଆଖିରୁ ଝରିଚି ଟୋପା ଟୋପା ଲୁହ
ତାହା ଭ୍ରମ ନା ସତ୍ୟ... ।

ସବୁଜ ଉପତ୍ୟକାରେ
ଅଗ୍ନିଦଗ୍ଧ ସ୍ୱପ୍ନର ସୁବିସ୍ତୀର୍ଣ୍ଣ କ୍ଷେତ୍ର ।

ମୁହୁର୍ମୁହୁ ଜୀବନ୍ୟାସ ମାଗୁଛି
ପ୍ରତିଯୋଗୀ ନାୟକର
ଧୂସର ରଙ୍ଗର ତୈଳଚିତ୍ର ।

ଫେଣ ଫେଣ
ଲୁହ, କୋହର ଅମାନିଆ ଢେଉରେ
ଆକସ୍ମିକ ନଈବୁଡ଼ି
ଚଂପା ଫୁଲ ବୋଝେଇ ଡଙ୍ଗାର,
ଦିଗହରା, ନାଉରିଆର ଲୟ... ।

ସାରାଟା ସିଲଟ ଭରା ଅଙ୍କକଷା
ବେସୁରା ଜୀବନସଂଗୀତର ଇତସ୍ତତଃ ରେଖାରୂପ
ସିଲଟ ସାରା, ଆହତ ଅନୁରାଗର
ସଜୀବ ସ୍ୱାକ୍ଷର... ।

ପ୍ରଶ୍ନବାଚୀ
ପୀଡ଼ା ଆଉ ପ୍ରେମର ଆତସବାଜିରେ
ବେହାଲ୍ ବେଦମ୍, ଅଣନିଃଶ୍ୱାସୀ
ଆଜି ମୁଁ କେଉଁଠି
ନିଆଁ ଓ ଧୂଆଁର ମାୟା ମଂଚରେ
ନାଚି ନାଚି ଜୀବନର ନାଚ... ।

ପୂର୍ଣ୍ଣତା ଆଉ ଶୂନ୍ୟତା
ଅହଙ୍କାର ବନାମ ହାହାକାରର
ଦୁର୍ବୋଧ୍ୟ ବିରୋଧାଭାସରେ
ଚିତ୍ରିତ, ଜଟିଳ ଏ ଜୀବନର ପୋଥି
ଆଲୋକିତ ଅନ୍ଧାର
ଅନ୍ଧାରୁଆ ଆଲୋକ
ମଂଚମାୟାରେ ଆତ୍ମହରା ଅଭିନେତା
ତରବାରୀ ତେଜି କ୍ଷତାକ୍ତ ଯୋଦ୍ଧା
ଯୋଗୀ ସାଜି ବସିଛି
ଭଙ୍ଗା ମନ, ଭଙ୍ଗା ହୃଦୟରେ
ଜୀବନ ବେଦର ଅଧ୍ୟୟନରେ
ସୃଷ୍ଟିର ଆଦ୍ୟ ଅକ୍ଷର
'ଶୂନ'ର ଅର୍ଥାୟନରେ... ।

ସନ୍ଦେହ, ସତେ କ'ଣ ସାଜିହେବ
ସାତ ଫଟା ଏ ଭଙ୍ଗା ସିଲଟ
ଅକ୍ଷର ଲିଭି ନିଚିପର ହେବ
ମନସିଲଟର ଛାତି
ଜୀବନକୁ ସଜାଡ଼ି ହେବ
ଶଗଡ଼ ଗୁଳାରେ ପୁଣିଥିରେ

ହାରଜିତ୍, ହଁ ନାହିଁ ର
ଦୋଛକି ରାସ୍ତାରେ
ପୁଣିଥରେ ନିତ୍ୟନୂତନ ଉଦ୍‌ଭାସରେ... ।

ଗ୍ରୀନ୍ ରୁମ୍

ନିବୁଜ ହେଲେ ହିଁ
ସାଜି ହୁଏ ନିଜକୁ, ନିରବତାର ମହାଯଜ୍ଞରେ ।

ମାଟି ତଳେ, ଗଜଉଥାଏ ମଞ୍ଜି
ହେବାକୁ ଦି' ପତ୍ର
ମଂଚ ପଛର ସବୁଜ କୋଠିରେ
ପରିଚୟ ଗୋପନର
ଜାକଜମକ ପର୍ବ... ।

ମୁଁ ଜାଣେ,
ମୋ ମୁହଁ ଓ
ଆଖି ତଳର ଏ ବହଳ ପ୍ରଲେପ
ଲୋକ ଦେଖାଣିଆ
ଘୋର ଅଭିସନ୍ଧି ମୂଳକ ।

ମୁଁ ଜାଣେ,
ମୋ ଓଠର ଏ ଲାଲ୍ ରଙ୍ଗ
ବ୍ୟକ୍ତିତ୍ୱକୁ ବହୁଗୁଣିତ କରୁଥିବା

୦ଠ ତଳର ଏ କଳାଜାଇ
ଯୁବସୁଲଭ ଏ ସରୁ ନିଶ ହଳକ
ରଙ୍ଗୀନ୍ ବେଶଭୂଷା
ମୁଣ୍ଡର ଲାଲ୍ ପଗଡ଼ି
କେହି ବି ମୋର ନୁହନ୍ତି
ବରଂ ମୁଁ ସବାର୍ ହେଇଥିବା ଚରିତ୍ରର... ।

ସ୍ୱାର୍ଥ ଓ ସଂପର୍କର
ସାମୟିକ ସାକାର ପଣରେ
ବ୍ୟସ୍ତ ଚରିତ୍ର ଓ ମୁଁ,
ମିଛ ମୁଁ
ମିଛ ମୋ ଅଭିନୟ
ଅହଂବୋଧରେ ଉଚ୍ଛନ୍ନ ଜୀବନଯାତ୍ରା... ।

ଫିଂ'ଥର
ଜୁଆ ଖେଳର ଫଳାଫଳ
ଚରିତ୍ର ସପକ୍ଷରେ
ମୁଁ ପରାସ୍ତ ଖେଳୁଆଡ଼
ବାଇ ଯାହା ପଶାପାଲିର ମାୟାରେ
ନିରର୍ଥ ପ୍ରତିଯୋଗୀ ପଣରେ... ।

ଯୋଗ ଓ ଭୋଗର ମୂଲ୍ୟାୟନରେ
ଯୋଗ ହିଁ କାହିଁକି ମନେହୁଏ ଓଜନଦାର୍
ମାନୁ ନ ମାନୁ,
ମୋର ଆଉ କେଉଁ ବେଶ ଲୋଡ଼ା ନାହିଁ
ଯୋଗୀ ବେଶରେ ହିଁ ସହଜ ହେଉ
ଏ ଜୀବନ ଯାତ୍ରା

ଆତ୍ମ ଅନୁଶୀଳନର ମହା ଆହୁତିରେ
ପୂରି ଉଠୁ ଅନୁଭବର ଅମାର... ।

ଭେଦ ଊର୍ଦ୍ଧ୍ୱରେ
ମଂଚ ହିଁ ହେଉ,
ମଂଚ ପଛର ସବୁଜ ସାଜକୋଠି
ବିକ୍ଷିପ୍ତ ନୁହେଁ
ନିବୁଜ ସବୁଜ ସାଜକୋଠିରେ
ଜାରିରହୁ ଉତ୍ତରଣର ନିରନ୍ତର ପ୍ରୟାସ
ଆତ୍ମଜ୍ଞାନ ଓ ଉପଲବ୍ଧିର ଚରମ ପ୍ରାପ୍ତିରେ
ଅର୍ଥମୟ ହେଉ ଜୀବନ ସଂହିତା ।

■

ଏପରି ହୁଅନ୍ତା କି !

ଏପରି ହୁଅନ୍ତା କି !
ଏକଦା ମୁହଁମୋଡ଼ି, ମୁହଁ ଫେରାଇଥିବା
ଶବ୍ଦତକ ଫେରି ଆସନ୍ତେ
ମୋ କାଗଜି ଅଗଣାକୁ
ହଜିଲା ଶବ୍ଦସବୁ ମିଳିଯା'ନ୍ତେ
ହାତ ପାଆନ୍ତାରେ ।
ପୁଣି ଥରେ "ଆ କା ମା ବୈ, ପାନ ଗୁଆ ଦେଇ"
ସ୍ୱାଗତିକାରେ ମୁଖରି ଉଠନ୍ତା
ସୃଜନ ବୋଇତର ବନ୍ଦାଣ,
ଅସରନ୍ତି ସମୁଦ୍ର ଯାତ୍ରା... ।

ଏପରି ହୁଅନ୍ତା କି !
ପାଷାଣ ଫେରିପାଆନ୍ତା ପ୍ରାଣ,
ଗର୍ଭ ଉଖାରି ଉହୁଙ୍କି ଆସନ୍ତା
ଉନ୍ମନା, ଖିଏ କଳକଳି ଝରଣାର ସରୁଧାର ।
ବନ୍ଧ୍ୟା ଆଉ ବଧିର ଯେତେକ ବାକ୍ୟମାନେ
ମୁକୁଳି ଆସନ୍ତେ ଅର୍ଥହୀନତାରୁ
ନିଷ୍ପ୍ରାଣ ଶବ୍ଦସବୁ କୋମଳରୁ କୋମଳତର ହୋଇ
ଜୀବନ୍ତ ହୁଏନ୍ତେ ଶ୍ୟାମଳ ସମ୍ମୋହନରେ ।

ଝାଳଉତୁରା କବି କପାଳରେ
ଚନ୍ଦନ ପ୍ରାୟ ଆଉଁସି ଆସନ୍ତା
କାହା ଆଶ୍ୱାସନାର ଚମ୍ପାକଢ଼ି ଅଂଗୁଳି
ଭାବଶଯ୍ୟାରେ ହୁଅନ୍ତା
କବି ଓ କବିତାର ଭବ୍ୟ ଅଭିଷେକ
ମରିସାରିଥିବା ମୁହୂର୍ତ୍ତମାନେ
ଚେଇଁ ଉଠନ୍ତେ ପୁଣିଥରେ
ସମ୍ଭାବନାର ସୂର୍ଯ୍ୟପିଠିରେ
ଶୋଭାଯାତ୍ରାରେ ସ୍ୱାଗତନ୍ତେ
ହାତଧରି କବିର
ଜାତି ଜାତି ଫୁଲଚାଙ୍ଗୁଡ଼ିରେ... ।

ପୁଣିଥରେ
ବେଣ୍ଟ ପୋଖରୀର କାଚ ଆଇନାରେ
ମୁହଁ ଦେଖନ୍ତା କି
କ୍ରମବର୍ଦ୍ଧିଷ୍ଣୁ ଦ୍ୱିତୀୟା ଜହ୍ନ
ବୁଣି ବୁଣି ଲାଜ ଲାଜ
ଶୀତଳ ଜହର ଜ୍ୟୋତ୍ସ୍ନା
ସ୍ୱତଃ ସାଜି ହୁଅନ୍ତା ଶବ୍ଦର ଶରଶଯ୍ୟା
କବିଟିର ଅନନ୍ତ ଶୟନ ପାଇଁ... ।

ଏପରି ହୁଅନ୍ତା କି
ଅଗ୍ନିଦଗ୍ଧ ଅଗଣା ମୋ
ପାଲଟନ୍ତା ପୁଷ୍ପମୟ
ପ୍ରଜାପତିର ନିଘଞ୍ଚ ଅରଣ୍ୟ,
ରୋମାଞ୍ଚର ବେଳାଭୂଇଁ,
ଅଖଣ୍ଡ ପ୍ରେମରାଗର
ଅହୋରାତ୍ର ଶାସ୍ତ୍ରୀୟ ଆସର... ।

■

ସେଇ ବଂଶୀ ଖଣ୍ଡିକ

କାଳ କାଳକ
ସମ୍ପର୍କର ସୂତ୍ରଧର,
ନିସର୍ତ୍ତ ସମର୍ପଣର କଥାକୁହା ସାକ୍ଷୀ
ଏ ନିରୀହ ବାଉଁଶ ଖଣ୍ଡକ,
ବୁକୁରେ ସଂଚିଛି,
ସାତ ସୁରର ତାଳ, ଲୟ, ଛନ୍ଦ
ପ୍ରେମ ଆଉ ପ୍ରଣୟର ମଧୁ ମୂଲ୍ୟବୋଧ
ରସଘନ ସଂଜ୍ଞା ଜୀବନ ଜିଇଁବାର... ।

ରାଗ ବିହାଗ ହେଉ କି ବିଲାବଲ୍
କେଦାର ହେଉ କି ମହ୍ଲାର
ଶତସହସ୍ର ରଙ୍ଗରାଗର ରାସକେଳି
ଅସ୍ତ ଓ ଉଦୟ, ବଂଶୀର ଏ ବିବସ୍ତ୍ର ଦେହରେ... ।

ଆହୁରି କେତେ କ'ଣ ସମାହିତ
ଯାଦୁଜଷ୍ଟିର ନାତିଗଭୀର
ଏ ମାୟାରନ୍ଧ୍ରରେ...
ସପ୍ତରନ୍ଧ୍ରରେ ଆକଟ

ମନୋହର ଉପଲବ୍ଧି
ପ୍ରୀତି ପୁଲକର ପ୍ଲାବନ
ହୃଦୟହାନିର ସନ୍ତୋଷ
ଜୟ ପରାଜୟର ପୀଡ଼ା
ସତେ କି ସାତ ସାତ ଉଷ୍ଣପ୍ରସ୍ରବଣ
କୁହୁକଗଣ୍ଡ ଗୋଟି ଗୋଟି ରନ୍ଧ୍ର
ଗନ୍ତାଘର, ଅପ୍ରମିତ ଦୁଃଖ ଆଉ ଅବସୋସ
ଅସରନ୍ତି ଅପ୍ରାପ୍ତି ଓ ଅଭିସଂପାତର... ।

ଏ ବଂଶୀ ଖଣ୍ଡିକ
ସତେ କି'
ନୀଳନଈ କି ସତର୍କ ବନିଶୀ
ପ୍ରେମାତୁର ଧୀବର ଓ ମତ୍ସ୍ୟକନ୍ୟାର
ମିଠା ମିଠା ଶତ୍ରୁ,
ଦିଗବାରେଣୀ ତା'ସ୍ୱନ
କେବେ ଲୁହବତୁରା ତ
କେବେ କଲିଜାଥରା, ସତେ ବା'
ବିଡ଼ମ୍ବିତ ପ୍ରେମୀଯୁଗଳର
ନିରବ କୋହ,
ମିଳନୀକା, ଦୀର୍ଘ ନିଃଶ୍ୱାସର...
ସ୍ୱୟଂସିଦ୍ଧ ରିକ୍ତ ହୃଦୟର... ।

■

ଗୋପନ କଥା

ଲୁହ ଢ଼ଳଢ଼ଳ
ଯେଉଁ ଆଖିଯୋଡ଼ିକର
ମାୟା ବନ୍ଧନରେ
ମୁଁ ସ୍ଥିର, ଅବିଚଳ, ତ୍ରିଶଙ୍କୁ
ତା'କୁ ଅଣଦେଖା
କରିପାରିବି କେମିତି ।
ତା'କାତର ଓ କାକୁସ୍ଥପଣର
ପାଥେୟରେ ତ ଆଜି
ସାରା ଆକାଶରେ ବିଷାଦର ରାଗ
ଅନୁଭବର ବିମଳ ଆହ୍ଲାଦ ।

ଯେଉଁ ନିରୀହପଣକୁ
ସମ୍ବଳକରି ପକ୍ଷୀଟିଏ
ଏ ଡାଳରୁ ସେ ଡାଳକୁ
ଡେଇଁ ବୁଲୁଥାଏ ।
ସାହସ ସଂଚି ଡେଣାରେ
ପହଁରି ବାହାରେ ଶୂନ୍ୟଗର୍ଭକୁ
ତାହା ହିଁ ମୋ ପ୍ରାରବ୍ଧ

ଗୁପ୍ତଧନ,
ଗୁପ୍ତଧନ ହୃଦ ସିନ୍ଦୁକର...
ଆତ୍ମବଳ, ଏକା ଏକା ସୃଜନଯାତ୍ରାର ।

ଜାଣିଚି,
ଏ ଯାତ୍ରା ଅସହଜ
ରିକ୍ତ ହସ୍ତରେ ବି ମୋତେ
ଯାଚିଦେବାକୁ ହେବ ପାପୁଲିଏ ଜଳ
ତୃଷାତୁର ଚାତକକୁ...
ଖିଏ ଶସ୍ୟର ଲଟା,
ଭୋକିଲା ପକ୍ଷୀର ଥଣ୍ଟକୁ
ଚଳନ୍ତି ବାରିଦର
ବାରିଧାରା ସାଜି
ମେଣ୍ଟାଇବାକୁ ହେବ
ଫଟା ଭୂଇଁର ଶୋଷ,
ସାଜିବାକୁ ହେବ
ଘନ ଅନ୍ଧାର ରାତି ବୁକୁରେ
ଶୁଭ୍ର ଜ୍ୟୋତ୍ସ୍ନାର
କେରାଏ ମୃଦୁମନ୍ଦ ତରଙ୍ଗ,
କାହାରି ନା' କାହାରି
ବିଦଗ୍ଧ ନା ହୃଦୟର
ମଗ୍ନ ମୁଗ୍ଧ ଆଲୋଡ଼ନ
ସପ୍ରେମ ଆଶ୍ଳେଷ... ।

ବଂଶୀବାଦକ ହେ

ବଂଶୀବାଦକ ହେ...
ତମର ଏ ମୌନପଣ ଏକବାର ଅସହ୍ୟ ଜାଣ
ଯାହା ଦିନେ ଥିଲା ମୁଖର, ଏବେ ତା' ନିଃସ୍ୱନ
ଶୁନ୍‌ଶାନ ପ୍ରତୀକିତ ବିଷାଦ ସନନ୍ଦ ।

ଆସ, ପୁଣିଥରେ ଧାରେ ଆଲୋକର ଊର୍ଜାରେ
ଉଜ୍ଜ୍ୱଳକର ମୋ ଚେତସତ୍ତା
ଘନଘୋର ତମିସ୍ରାର ଅନ୍ଧାରରେ...
ଯାହା ନିସ୍ପନ୍ଦ, ନିଦ୍ରିତ ଖାସ୍ ତମ ଅବର୍ତ୍ତମାନରେ...

ଆସ, ପୁଣିଥରେ ପାଛୋଟିନିଅ
ମନ୍ଦ୍ର ମୋହକ ଧ୍ୱନିରେ
ବିମଳ ବିମୁକ୍ତ ଅଭିସାରକୁ
ଲାବଣ୍ୟ ଲାଳସା
ଓ ଭାବଭୋଳ ବିଭୋର ପଣକୁ... ।

ବଂଶୀ ଯେ ଆଉ ବାଜୁନି
ଯମୁନା ବି ବହୁନି ଉଜାଣି...
ମ୍ଳାନ ଜହ୍ନ, କୂଳତଟ ନିଶ୍ଚଳ
ଶ୍ରୀହୀନ କଦମ୍ବ, ମାଳମାଳ କୁଞ୍ଜବନ ବି... ।

ଧ୍ୱନି ବିନା ଆଉ କି ଅର୍ଥ ଅଛି
ଏ ବେଳ ଅବେଳ ବା ଋତୁ ଅଋତୁର
ବାସ ଚହଟାଇ ଫୁଲପେନ୍ଥାକ ଫୁଟିବା ନ ଫୁଟିବାର...
ବିରହ ବିଷାଦରେ ଯେଉଁଠି ଜମାଟ ବାନ୍ଧୁଛି
ହୃଦୟର ଦରଦ, ଖାଁ ଖାଁ ପଣ ।

ବଂଶୀବାଦକ ହେ
ତମେ ଇ ତ ଜାଣ, ଧ୍ୱନିସିଦ୍ଧ ଆବାହନୀ ମନ୍ତ୍ର
ସୁସୁପ୍ତିରୁ ଜାଗୃତିର ସୂତ୍ର...
ଆସ, ପୁଣିଥରେ ମହକାଇ ଦିଅ ନିରସ ନିଶି
ରଜନୀଗନ୍ଧାର ପ୍ରାଣବନ୍ତ ପୁଲକରେ
ଶିହରଣ ସଞ୍ଚରାଇ ଜୀବନ ଜଗାଅ
ମୃତବତ୍ ସହସ୍ର ସ୍ନାୟୁରେ... ।

■

ଫେରି ପାଆନ୍ତି କି... !

ଫେରି ପାଆନ୍ତି କି !
ଟିକି ଡେଣା ଆଉ ଖଣ୍ଡି ଉଡ଼ାଣର ବେଳ
ସରସର ଦେହେ ଗାଁ ଦାଣ୍ଡ ଧୂଳିଖେଳ
କଙ୍କିଧରା ଆଉ ବାଗୁଡ଼ି
ବରଷା ସୁଅ ଓ କାଗଜଡଙ୍ଗାର ମୋହ
ସ୍ୱଚ୍ଛ ସରଳ କାଚ ନିରିମଳ
ଖିଆଲି ଖେଳାଳି ପବନ ଚଞ୍ଚଳ ମନ
ସେ'ତ ଅଫେରା ଅତୀତ, ଦୂର ବହୁଦୂର
ଅପହଞ୍ଚ ସ୍ମୃତିବନ ।

ଫେରି ପାଆନ୍ତି କି !
ଈର୍ଷଣୀୟ ଅନୁଭବ
ଇଚ୍ଛାବନରେ ବଞ୍ଚିବାର !
ଗୋଟେ ବେଫିକର୍ ଜୀବନର ଲିପ୍‌ସା,
ଚେନାଏ ଉର୍ଜାର ଚିରାଗରେ ହୁଏତ,
ନିଦ ଭାଙ୍ଗି ଗଜୁରି ଉଠନ୍ତା ବୀଜଟିଏ,

ଉପେକ୍ଷିତ କେଉଁ କାଳର ନିରବ ନିଦ୍ରିତ
ଶ୍ୟାମଳିମାରେ ଭରିଯାଆନ୍ତା

କଙ୍କାଳସାର ଭଙ୍ଗାଗଛର ଦେହ,
ଶୁଷ୍କ ଶିରାଳ ମନପକ୍ଷୀର ଡେଣା,
ରୁକ୍ଷ ଆହତ ତାଳପତ୍ର ।

ଫେରିପାଆନ୍ତି କି ହଜିଲା ବଂଶୀଖଣ୍ଡକ
ଅଣବାହୁଡ଼ା ଯାହା ପଡ଼ିରହିଛି
କେଉଁଠି ନା କେଉଁଠି
କୋଶ ବ୍ୟାପୀ ନଈପଠାରେ
ପୁଣିଥରେ, ଜିଦ୍‌ଖୋର ପ୍ରେମିକପଣରେ
ସାଜନ୍ତି ନିଜକୁ,
ଅପେକ୍ଷା ରଖନ୍ତି ରୂପାରାତିକି ସଫେଦ ଜହ୍ନର,
ମାନମୟୀ ନୀଳନଈ କି ନିତ୍ୟ
ଉଦ୍‌ଗ୍ରୀବ ତୃଷିତ କଣ୍ଠରେ ନିରନ୍ତର ।

ଫେରି ପାଆନ୍ତି କି ଶରଦଶଶୀ !
ଯାହା ଦିନେ, ଶିଖର ଉହାଡୁ
ବେଝିଝକ୍ ଖସି ପଡ଼ିଥିଲା
କାହ୍ନୁର ଏ କଅଁଳ ହାତରେ
ଶିହରଣରେ ପଲ୍ଲବାଇଥିଲା ସାରା ଶରୀର,
ଶ୍ରୀଅଙ୍ଗରେ ମଣ୍ଡାଇଥିଲା
ଶତ ସହସ୍ର ନୀଳକମଳ !!

ଫେରି ପାଆନ୍ତି କି ସେଇ ସବୁ ଅଭୁଲା ଲଗନ !

ଫେରି ପାଆନ୍ତି କି !
ଫେରି ପାଆନ୍ତି କି !!

■

କାହା ଡାକରେ କେଜାଣି

ସସ୍ନେହ କେହି ଜଣେ
ଆବାହନୀ ଶଙ୍ଖରେ
ଡାକିଦେଇଚି ଆ' ବୋଲି ତ
ଏବେ ଯାଏଁ ମୁଁ ସମ୍ମୋହିତ
ସେ ମଧୁମୟ ଧ୍ୱନିର ଆମନ୍ତ୍ରଣରେ
ସ୍ନାୟୁରେ ସ୍ନାୟୁରେ ଶତ ପୁଲକର ସ୍ରୋତ,
ଚନ୍ଦ୍ରାତପରେ ଆତ୍ମସର୍ବସ୍ୱ ।

ମୁଁ ଦୁସ୍ତର ପଥଚାରୀ
ଦିଗବିଦିଗର...
ଅଣଲେଉଟା ।

ଯେଉଁ ଅପୂର୍ବ ଅନୁଭବର ରଙ୍ଗରାଗରେ
ଏ ରୁକ୍ଷ, ଧୂସର ଧରାଧାମ
ପାଇଛି ଜୀବନ୍ୟାସ,
ସେସବୁ ଚିରହରିତ୍
ଏ ଶବ୍ଦ ପୁଞ୍ଜାକର ଶ୍ରେୟ ।

ଜାଣେନା, ଆଜି ବି କାହା ଅପେକ୍ଷାରେ ମୁଁ
ଯୁଗାବଧି ପାର୍ବଣ ପ୍ରତୀକ୍ଷାରେ
ଏ ଅମର ଲେଖନୀ,

ଯାହା ଢ଼ାଳି ଚାଲିଛି
ବୁନ୍ଦା ବୁନ୍ଦା ଲୁହଲହୁର ପୀୟୁଷ
ସୁପ୍ତ କାହାର ଜାଗରଣ,
ମୁଗ୍ଧ ମଧୁର ମିଳନିକାର
ଅମୃତ ସମ୍ଭାବନାରେ... ।

ଜାଣେନା ମୁହୁର୍ମୁହୁ କାହିଁକି ଉଜ୍ଜଳି ଉଠେ
ଅଧିକରୁ ଅଧିକ ଏ
ଦ୍ୟୁତିସ୍ନାତ ଆଖି ଯୋଡ଼ିକ
ଇନ୍ଦ୍ରଧନୁର ବର୍ଣ୍ଣାଳୀରେ
ତାରା ଆଉ ଫୁଲଙ୍କ ମେଳରେ... ।

ଯେଉଁ ମନ୍ତ୍ରର ସିଦ୍ଧ ଉଚ୍ଚାରଣ
ଜଡ଼ାଇ ଧରିଛି ଜୀବନ ଓ ନିଃଶ୍ୱାସକୁ
ପରମ ଆବେଗ ଓ ଅବୁଝା ପିପାସାରେ ନିରତ
ତା' ହିଁ ମୋ ଏକଇ ସମ୍ବଳ
ନିବିଡ଼ପଣର ନିଷ୍କର୍ଷ ।

ଏବେ ଯାହା
ବିଭୋର ହେବାକୁ ବାକି
ଅକପଟ ଆଲିଙ୍ଗନରେ
ଆଶ୍ଳେଷର ଉଦଧିରେ
ସ୍ରୋତସ୍ୱିନୀ
ଚେତନା ଚିନ୍ମୟୀର
ମଦିରାକ୍ତ ଅବଗାହନରେ... ।

■

ସନ୍ଧି

ଏବେ ମୁଁ ପ୍ରେମରେ, ଯୁଦ୍ଧରେ...

ପୁଞ୍ଜି କହିଲେ ଯାହା,
ତମ ମଧୁର ଭର୍ତ୍ସନା
ଶାଣିତ ତିକ୍ତୋକ୍ତି,
ଉଗ୍ର ଉପେକ୍ଷା,
ନିରବ ତିରସ୍କାର,
ବକ୍ଷଭେଦି ବ୍ୟଙ୍ଗବିଦ୍ରୂପ
ସାମଗ୍ରିକ ସ୍ୱୀକାର ସର୍ବୋପରି... ।

ଅଧିକାର ହେଉ କି ଅଙ୍ଗୀକାର
ଆତ୍ମୀୟ ବୋଲି
ଯେଉଁ ବିଶୁଦ୍ଧ ପଣରେ ଆପଣିଛି ତୁମକୁ
କଣ୍ଠ ଉଚ୍ଚାରି ତୋଳିଛି ସ୍ୱଗତୋକ୍ତି
ବାହୁ ପ୍ରସାରି ଆମନ୍ତ୍ରିଛି ଆଲିଙ୍ଗନ
ତା'ଏବେ ବହୁବର୍ଣ୍ଣା
ଇନ୍ଦ୍ରଧନୁର ସପ୍ତରଙ୍ଗରେ... ।

ମୁଁ କ୍ଷତାକ୍ତ ତତୋଧିକ
ତୁମ ନିରବ ଅନ୍ୟମନସ୍କତାରେ

ଯେତିକି ଲୁହ ଜରଜର ତମେ
ଆକାଂକ୍ଷିତ ଅପ୍ରାପ୍ତି ବୋଧରେ
ଯେତିକି ଜର୍ଜର ନିର୍ମମ ଅନ୍ତର୍ଦାହରେ
ମଧୁମିଳନର... ।

ଭସାବୋଇତ ମୁଁ
ଭୋଗୁଛି ସଲିଳ ସମାଧି ।

ଏବେ ମୁଁ ପ୍ରେମରେ, ଯୁଦ୍ଧରେ
ସମ୍ପର୍କର ଉତ୍ତାଳ ଉତ୍ତରିତ ସ୍ରୋତରେ... ।

କେବେ ଫୁଲବନ ତ
କେବେ ମଶାଣି ମରୁର
ଆସ୍ପର୍ଦ୍ଧାରେ ଏ ରଣାଂଗନ,
କେବେ ବର୍ଷା ଆଉ ବସନ୍ତର ଚରାଭୂଇଁ
କେବେ ଖାଁ ଖାଁ ନିଦାଘର ଘର
ଉଦାସ ଉଦାସ ସାରାଟା ସଂସାର... ।

ତମେ ଏକା ନୁହଁ
ଲୁହୁଲୁହାଣ କି ବାସ୍ନାବିଭୋର
ତମ ଭଳି ଦୁର୍ଦ୍ଧର୍ଷ
ମୁଁ ବି ପ୍ରେମରେ, ଯୁଦ୍ଧରେ...
ଅଫେରା ପଦାତିକ କେଉଁକାଲୁ
ଚିରାସକ୍ତ ସନ୍ଧି ଓ ସାଲିସ୍ ପଥରେ ।

କାରାବାସ

କବିତାର କାରାଗାରରେ କି ମୁଁ !

ମରୁମନରେ ଆଉ ନାହିଁ ପତ୍ରଝଡା
ଶୁଷ୍କତରୁରେ ନବ ପଲ୍ଲବନ
ଛନ ଛନ ଶ୍ୟାମଳିମାର
ସୁଦୃଶ୍ୟ ସମ୍ଭାର ।
ମୃତ ନଦୀରେ ଅବା
ଭାବପ୍ରବଣତାର ଉତ୍‌ଫୁଲ୍ଲିତ ଫଲଗୁ
ଭସା ମୌସୁମୀର ମୁଗ୍ଧ ମଧୁର
ବିଭୋର ବିହାର.....।

ଦୂରେଇଯାଏ ନିଦାଘର ତାତି
ଲିଭିଲିଭିଯାଏ ଅନାୟାସରେ
ଏକ୍‌ଲାପଣର ପ୍ରଦୀପ
ନିଃସଂଗତାର କ୍ଷୁଧାତୁର ଅଗ୍ନି ।

କବିତାର କାରାଗାରରେ କି ମୁଁ !!

ଗୋଟେ ନଇଁ ଆସୁଥିବା ସଂଧ୍ୟାର
ଛାଇ ଅନ୍ଧାରୀ ଆକାଶରେ

ଏକ୍ଲା ଉଇଁଥିବା ତାରା ପରି
ଆଉ ମୁଁ ଗୁମ୍‌ସୁମ୍ ନୁହଁ
ବରଂ ସଫେଦ ଜହ୍ନରାତିରେ
ଏ ମୋ ପଦଙ୍କରଣ
ରୂପା ରଂଗର ନଈର ମୋହରେ
ବେଶ୍ ଛନ୍ଦାୟିତ.....
ମେଘ ମେଦୁର ଆକାଶ
ଆହା କି ଆକର୍ଷକ
ପୁଚ୍ଛତୋଳା ସୁବର୍ଣ୍ଣ ମୟୂରର
ପଥପ୍ରାନ୍ତ ନୃତ୍ୟ..........!!

କି ସୁରମ୍ୟ !
ନିରିମାଖି କବିତା କାନନ
କୋଇଲିର କୁହୁତାନ ପଂଚମସ୍ୱରରେ
ତରୁଶାଖାରେ ହଳଦୀବସନ୍ତଙ୍କ ସମାଗମ
ଅହରହ ବର୍ଷା,
ଭିଜୁଛି କି କୁହୁକ ଝଡିରେ
ମନୋରମ ଭାବର ଏ ଭବ୍ୟ ଉପବନ !

କବିତାର କାରାବାସରେ କି ମୁଁ !
ନିଃସର୍ତ୍ତ କଏଦୀ ଆଜୀବନ
କବିତାର ପଣତରେ
ବାନ୍ଧି ହେବାର ଏ ଦଣ୍ଡାଦେଶ
ସତେ କି ପରମ ଉପଭୋଗ
ଅହୋଭାଗ୍ୟ ମୋର !!

■

ଚାହିଁ ବସିଛି

କେବେ ତ ଦିନେ ଆସିବ
ଚାହିଁ ବସିଛି... ।

ଆଜି ରାତି
ଯେଉଁ ବର୍ଷା ଅସରାକ
ଧୋଇଧାଇ ଘର ଅଗଣାକୁ
କରିଯାଇଚି ନିଚିପର
ସକାଳକୁ ଯେଉଁ
ଆଲୁଅ କେରାକ
ଅପସାରିଛି ଅନ୍ଧାର
ଘର ଭିତରର,
ଖାସ୍ ତମେ ଆସିବ ବୋଲି
ସବୁ ଯେମିତି,
ସାଇତା ଅନୁରାଗର ରୂପାନ୍ତର ।

ରୂପ ଅରୂପରେ
କେବେ ନା କେବେ ତ'
ପାଦ ପାତିବ ଦିନେ... ।

କାଲେ
ଦମକାଏ କୋହଲା ପବନ ହୋଇ
ନିଃସଂକୋଚ ପଶିଆସିବ ବଖରାକୁ
ଝର୍କା ଖୋଲି ରଖିଛି ସେଥକୁ... ।

ସହସା ଆସିବ ଅବା
ବିଜୁଳି ଛଟାରେ,
ଘଡ଼ଘଡ଼ିର ଡିଣ୍ଡିମ ବଜାଇ
ମେଘ ପାଲିଙ୍କିରେ... ।

ଆସିବ, ଝିପିଝିପି ଝଡ଼ିରେ
ଅଦିନ ବର୍ଷାର
ଝର ଜଳର ସୁଅରେ ସସରାଗ
ବୋହିଯିବ ପିଣ୍ଡାତଳ ।

ନା' ତ, ଆସିବ କାଲେ
ଦମକାଏ ଶୁଷ୍କ ବିରସ
ଝାଉଁଆ ପବନ ହୋଇ
ଅଗଣାରେ କେବେ
ବିଦଗ୍ଧ ଘୂର୍ଣ୍ଣିବାତ୍ୟାରେ
ନିଃସ୍ୱ କରି ନିଜକୁ... ।

ହଁ
ଆଶ୍ଳେଷରେ
ଆଉଁଶି ଦେଲାବେଳକୁ
ଗୋଟା ପଣେ ଭିଜି ଯାଉଥିବି

କୋହ ଆଉ ଲୁହର ନିରବସ୍ନାନ
ଭାବାନୁଭବର
ଉତ୍ତାଳ ଉଦଧିରେ ପୁଣି ଥରେ ।

ରୂପ ଅରୂପରେ
କେବେ ନା କେବେ ତ ଆସିବ
ଚାହିଁ ବସିଛି... ।

୫୮ | ଦୀନବନ୍ଧୁ ସାହୁ

ଯିବୁ ତ ଯା'

ଯା'
ଖୋଲିଦେ କୋଲପ ଆନିକଟର
ଗୁମୁରୁଥିବା କୋହ
ବହିଯାଉ ନଈ ହେଇ
ସ୍ୱଚ୍ଛ ତରଳ କାଚ ପାଣି କରି
ବୁହାଇ ଦେ ଅବରୁଦ୍ଧ ସରାଗ
କୂଳ ଖାଇ ଅତଡ଼ା ପିଟୁ
ପ୍ରେମର ଅଧିର ସୁଅ
ଫେଣେଇଉଠୁ ଆପଣାପଣ...
ବୁକୁ ଉତ୍ତାଳ ଅନୁରାଗରେ... ।

ଯା' ଡେଣା ଝାଡ଼ି
ବାହାରି ଯା' ଆବଦ୍ଧ ପଞ୍ଜୁରିରୁ
ପରିବ୍ୟାପ୍ତିର ମୋହରେ
ପହଁରି ଯା ଅନ୍ଧାରି ଆକାଶ
କୋମଳ କଠୋର ଛାତି ଚିରି ମାଟିର
ଖେଦି ଯା' ତଳ ଭୂତଳ
ଗିରି କାନନ, ଦିଗ ଦିଗନ୍ତକୁ... ... ।

ଯେଉଁ ପ୍ରିୟତମ ପ୍ରାପ୍ତିର ମାୟାରେ
ତୋର ଜନ୍ମ, ବୃଦ୍ଧି, କ୍ଷୟ,
ଯା' ମୁକ୍ତ ହେଇ ସଂଚରିଯା
ଆକଟ ଅଭିମାନ, ଅବସୋସର
ନିବୁଜ କୋଠରିରୁ...
ସେଇଠି, ସେମିତି ଥାଉ
ଅତୀତର ଭଗ୍ନ ଦୁର୍ଗ, ଭଙ୍ଗାସ୍ୱପ୍ନର ରାଜବାଟୀ !!

ସ୍ଥିର ନୁହଁ
ଗତି ହିଁ ତୋର
ସ୍ଥିରିକୃତ ସିଦ୍ଧିପ୍ରାପ୍ତିର
ଦୁର୍ବାର ନିୟତି,
ଯା'
କାହାରି ବନ୍ଧନ କି ରୋଦନ ନୁହେଁ
ଅନ୍ତରାତ୍ମାର ଡାକରେ
ନଈ ହେଇ ବହି ଯା'
ସଂସାର ଧରାରେ...
ପକ୍ଷୀ ହେଇ,
ଆଦିଗନ୍ତ ଅନନ୍ତାକାଶରେ... ।

ଘରଗଢ଼ା

ଆଜି
ଭୂଇଁପୂଜା, ନିଅଁପକା
ଶୁଭଦିଆ ଘରଗଢ଼ାର... ।

ସ୍ୱାମୀ ସ୍ତ୍ରୀ, ଦି ପ୍ରାଣୀ
ସଂକଳ୍ପରେ ମାହେନ୍ଦ୍ର ବେଳାରେ
ଆଜିଯାଏଁ ଅର୍ଜିତ ଯାହା,
ରକ୍ତ ସ୍ୱେଦର କମାଣି
ସ୍ନେହ, ଶ୍ରଦ୍ଧା, ଆବେଗ
ଅନୁରାଗର ଅମାର
ସବୁତକ ଯାଚିଦବୁ ଅକୁଣ୍ଠ
ହୃଦୟ ଖୋଲା,
ଏ ଘର ହେବାକୁ ସ୍ୱର୍ଗ
ବୈକୁଣ୍ଠ ଭୁବନ !

ଅଣ୍ଟା ଗହୀର ମୂଳଦୁଆରେ
ଉଠିବ କାନ୍ଥ, ପଡ଼ିବ ଛାତ
ଇଟା ବାଲି ସିମେଣ୍ଟ,
ଲୁହା, କାଠର ଦାନା ଦାନାରେ

ଗଢ଼ିହେବ ମନ ପସନ୍ଦ ମନ୍ଦିର
ଅଭୟ ଆଶ୍ରୟ ସ୍ଥଳ
ହୃଦୟାଗାର ! ଭାବ ମନ୍ଦିର ।

ବଡ଼ଙ୍କୁ ବଡ଼, ସାନଙ୍କୁ ସାନ
ମାନସନମାନ, ଶ୍ରଦ୍ଧା ସୁମନାସରେ
ସଂପାଦି ହେବେ ବନ୍ଧୁବାନ୍ଧବ
ଗୋଟି ଗୋଟି ପ୍ରିୟ ପରିଜନ,
ଆତ୍ମୀୟ ସ୍ୱଜନ...
ଆମରଣ, ଆଜୀବନ,
ତ୍ୟାଗ ଓ ଭୋଗର
ସଂଗମ ପୀଠ
ଏ ଘର ଚଉକାଠର ନିବୁଜ ବନ୍ଧନୀରେ ।

ଶୁଭେଚ୍ଛା ସାଉଁଟି ଏକେ ଆରେକର
ନିବିଡ଼ରୁ ନିବିଡ଼ତର ହେବ ସମ୍ପର୍କ
ବାପା, ମା, ଗୁରୁଜନଙ୍କ
ଆଶୀର୍ବଚନରେ ପୂରିଉଠିବ
ଘର ଦୁଆର, ବାଡ଼ି ଅଗଣା ।

ଫି ଦିନ... ସଂଜଶିଖାରେ
ସିଦ୍ଧ ହେଉଥିବ ଅପହଞ୍ଚ ଲକ୍ଷ୍ୟ
ସିଦ୍ଧ ହେଉଥିବ
ବିଭୁ ଅରଚନା,
ଅଖଣ୍ଡ ଆତ୍ମବିଶ୍ୱାସ,
କଳ୍ପିତ ସୁଖ ସମୃଦ୍ଧିର ନୀଳନକ୍ସା,
ନିଷ୍ପାପ ଦଲିଲ୍
ନିରତ ବୁଝାମଣାର... ।

ମନ୍ତ୍ରାୟନ

ଯାଏଁ
ମନ୍ତୁରାଇ ଦେଇ ଆସେ
ସାଉଁଟା ଶବ୍ଦ ପୁଂଜାକ
ମାନବୀୟତାର ସିଦ୍ଧମନ୍ତ୍ରରେ
ଦନ୍ଥଡ଼ା, କର୍କଶ ଯେତେକ ଶବ୍ଦ ସବୁ
ଫୁଲ ପରି ହେବାକୁ କୋମଳ, ମଧୁର ।

ହୁଏ ତ, ସମ୍ବେଦନଶୀଳ ସେଇ
ଶବ୍ଦରାଜିରେ ଦ୍ରବିତ ହେବ
ସ୍ପନ୍ଦନର ବେଗ କାହାରି ନା' କାହାରି... !
ହୃଦୟରୁ ବାରିହେବ
ଆକାଶଉଡ଼ା କେଉଁ
ନିରୀହ ପକ୍ଷୀର ସ୍ୱର
ଛଳ ଛଳ ନଈ କି
ସଂଗ୍ରାମୀ କେଉଁ ଅଦୂର ବଣମୂଳକର
ସ୍ପର୍ଦ୍ଧିତ ସ୍ୱର ଝଙ୍କାର...,
ବାଟ ଅଚିହ୍ନା ଅନୂଢ଼ା
ଚଞ୍ଚଳମନା କିଶୋରୀ ହରିଣୀର ମିଞ୍ଜାସ୍

ଅବୁଝା ପ୍ରଜାପତିର ମାତାଲିପଣ !
ହଜି ଯାଇଥିବା ଗୀତର କ୍ଷୋଭ ॥

ହୁଏ ତ,
ଶବ୍ଦ ପୁଞ୍ଜାକର ଏ ଆତ୍ମାହୁତି,
ଚହଟାଇବ ଅଦିନ ଚୁଲିରେ
ଫୁଟା ଭାତର ଗନ୍ଧ, ଚିହ୍ନାଇବ
ଭୋକିଲା ପେଟର ଉଚ୍ଛ୍ୱାସ
ବିଡ଼ମ୍ବିତ ମାତୃତ୍ୱର କୋହ ।
ନିଷ୍ପାପ ଶିଶୁର ଆକୁଳ ଚାହାଣି ।

ହୁଏ ତ,
ଏ ଶବ୍ଦ ଗଣ୍ଡାକର ସାମର୍ଥ୍ୟ
ତୋଳିନବ କେଉଁ ଧର୍ଷିତାର
ଅସ୍ପଷ୍ଟ କ୍ରନ୍ଦନ
କାରଖାନାର କାରସାଦିରେ
ଟଳି ପଡୁଥିବା ପାହାଡ଼ର ଲୁହ
ଖଣି ଖାଦାନ୍‌ର ପଞ୍ଝାରେ
ଅସହାୟ ମାଟି ମା'ର ଖତିଆନ୍
ଅଲିଅଳ ଡଙ୍ଗରରାଣୀର
ଗୁମୁରା କାନ୍ଦ, କାହା
ବୁକୁତଳର ଅବସାଦ, ଛାତିତଳର
ଜମାଟବନ୍ଧା ଅନ୍ଧାର... ... ।

ଯାଏଁ
ବତୁରାଇ ଆସେ
ସାଉଁଟା ଶବ୍ଦପୁଞ୍ଜାକୁ

ବାସ୍ତବତାର ଉତ୍ତପ୍ତ ବାରିରେ
କେହି ତ ହେବ ସଚେତ
ଆଖି ଖୋଲି ପଢ଼ିବ
ପ୍ରିୟ ପରିଜନଙ୍କ ଦୁଃଖ ପରିତାପ
କ୍ଷଣିକ ପାଇଁ ବି ଭୋଗିବ,
ନିର୍ମମ ଅନୁଭବର
ଭାବ ସମ୍ପଦ... ...!
କୋହଝରା ମିଠା ମିଠା ଦରଦ...!!

■

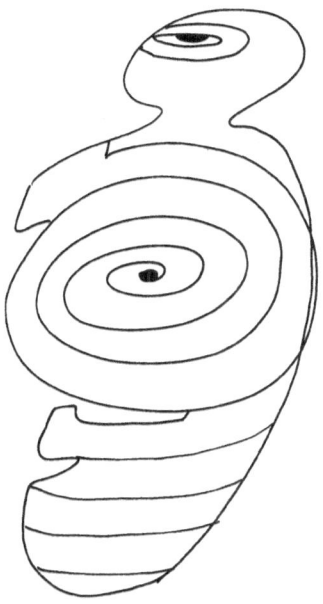

କବିର ଦମ୍ଭ

ଖାଁ ଖାଁ ପଡ଼ିଥାଏ
ଭାବର ବେଳାଭୂମି
ଶବ୍ଦର ଶୃଙ୍ଖଳରୁ ମୁକୁଳି
ଆଶ୍ୱସ୍ତି କି ଆନନ୍ଦରେ
ରହିପାରେ କି କବିଟିଏ
କାଳେ କାଳେ ଯେ,
ଶବ୍ଦର ସ୍ଥପତି, ଭାବର ବିନ୍ଧାଣି ।

କେତେ କାଳ ବା
ଶୋଇପାରିବ ନିଶ୍ଚୁପ୍ !
କେଇ କାଳ ଅବା ପହଡ଼ ପଡ଼ିବ କବିଟିର !
କ୍ଲାନ୍ତି ଅପସାରି ପୁଣି ତ ଖୋଜିହବ
ତୃଷ୍ଣାତୁର ଆତ୍ମାରେ ।

କେରାଏ ଅଡୁଆ କେଶର ଜାଲ
ବିକ୍ଷିପ୍ତ ଭାବଧାରାରୁ ବା'
କମନୀୟ ଖିଅଟିଏ
ଧରାଦିଅନ୍ତା ହାତ ପା'ନ୍ତାରେ...

କବି ଆଞ୍ଜୁଳାକୁ ଫେରି ଆସନ୍ତେ ସ୍ୱତଃ
କେଇ ପୁଞ୍ଜା ଶାନ୍ତ, ସୁଧାର
ଭାବବିଭୋର କି ଅବୋଲକରା ଶବ୍ଦ
ଦାୟ, ଶୃଙ୍ଖଳା, ଅଙ୍ଗୀକାରବଦ୍ଧତାକୁ
ସମ୍ମାନ ଦେଇ ପୁଣିଥରେ ଗଢ଼ି ବସନ୍ତା
ସପନର କାରୁକାରୀ, କମକୂଟ କବିତାର
କୋଣାରକୀ ସ୍ଥାପତ୍ୟ
ଅହରହ ଆଉଟୁ ପାଉଟୁ
ମେଣ୍ଟୁ ନ ଥିବା ଶୋଷଟିଏ ନିର୍ବିକାର
ଆହୁରି ବଳବତ୍ତର ହେଉଥାନ୍ତା
ଆଗକୁ ଆଗକୁ ଆତ୍ମ ବିଶ୍ୱାସରେ... ।

ନିଶ୍ଚିତ କେହି ନା କେହି ତ
ଅସ୍ଥିର କରିବେ କବିପ୍ରାଣକୁ
ଅଦୂର ମନ୍ଦିରର ଘଣ୍ଟଧ୍ୱନି,
ଗଗନଭେଦୀ ଗୀର୍ଜାର ଡାକ,
କୂଳ କଚଡ଼ା ଜୁଆର,
ବେଶ୍ୟାର ବିବଶ ଆମନ୍ତ୍ରଣ,
ତ୍ୟକ୍ତ ନାଚାର ଆହତ ଜୀବନୀ,
ନିଶାଖୋର ନଈର ଝୁଙ୍କ,
କଦମ୍ବ ଗଛର କାରୁଣ୍ୟ,
ବିଦଗ୍ଧ ବଂଶୀସ୍ୱନର ଲାବଣ୍ୟ,
ପ୍ରେମିକପଣ ସର୍ବୋପରି...

କବିର ବା ଦମ୍ଭ କେତେ !
ତରଳି ଯିବାକୁ ବରଫରୁ
ନିଦାଘର ତାତି ହେଉ କି

ଶୀତର ନିବିଡ଼ ପଣରେ
ବାଷ୍ପ ହୋଇ ନିଗାଡ଼ି ଦେବାକୁ
ରୁଦ୍ଧ ହୃଦୟର ବ୍ୟଥା କି
ଲାଲରକ୍ତର ଉଷ୍ମତା,
କେଉଁ ପୁଷ୍ପଧନୁର ମର୍ମଭେଦୀ ସ୍ପର୍ଶରେ... ।

■

ଯାତ୍ରା

ଦିଗ୍‌ବଳୟ ମରୀଚିକା,
ପଥ ଅସରନ୍ତି,
ନିରୁଦ୍ଦିଷ୍ଟ ଲକ୍ଷ୍ୟ... ।

ଜୀବନର ଆହ୍ୱାନ
ସନ୍ତୋଷ ନା ଅସନ୍ତୋଷ !
ସସୀମ ନା ଅସୀମର ଆମନ୍ତ୍ରଣକୁ
ଆବୋରି ନିଷ୍ପତ୍ତି ହେବ
ଏ ଅମୃତାୟନର ପୂର୍ଣ୍ଣତା
ଜନ୍ମ ମୃତ୍ୟୁର ଯୂପକାଠରେ... ।

ପ୍ରାପ୍ତିର ପୂର୍ଣ୍ଣଚ୍ଛେଦ ଟାଣି
ସନ୍ତୋଷର ଆତ୍ମଶ୍ଳାଘାରେ ଏଉଡ଼ିମାରି
ନିରବି ଗଲେ କି ସାର୍ଥକତା
ଏ ଦୁଷ୍ପ୍ରାପ୍ୟ ପଦଯାତ୍ରାର !
ପରିପୂର୍ଣ୍ଣ ମାନବୀୟ ମାଦକତାର ପୁଲକ... !!

ପାଖୁଡ଼ା ପରେ ପାଖୁଡ଼ାର ଉନ୍ମୀଳନରେ ହିଁ
ଫୁଟିଥାଏ ଫୁଲ, ବିଞ୍ଛିଥାଏ ସୁରଭି

ପାଇଥାଏ ପୂର୍ଣ୍ଣତମାର ପଦବୀ, ଆଭା ଓ ଗୌରବ... ।
ଦୂର ଆକାଶର ଏ ଯେଉଁ
ଉଜ୍ଜ୍ୱଳତାର ମହାବିନ୍ଦୁ
ହାତଠାରି ଡ଼ାକୁଛି ଆ
ଯଦି ବିତରିବୁ ଆଲୋକ
ଉଜ୍ଜ୍ୱଳି ଉଠ୍ ମୋ ଭଳି ସ୍ୱକୀୟ ତେଜରେ...
ଶୁଦ୍ଧ ସୁବର୍ଣ୍ଣ ପରି
ପାପ ପୁଣ୍ୟ, ସୁଖଦୁଃଖ ଆନନ୍ଦ ବିଷାଦ
ଜଳିପୋଡ଼ି ଯାବତୀୟ ଜଂଜାଳ ଜୁଇରେ... ।

ସୁଅ ମୁହଁର ପତର ପରି
ସମୟ ସୁଅରେ ଆମେ ।

ପ୍ରେମ ଆଉ ପ୍ରତ୍ୟୟର ପର ଗୁନ୍ଥି
ନିଜେ ଇ ନିଜ ହାତରେ
ଖଞ୍ଜିବାକୁ ହେବ ଡେଣା
ଅନ୍ତର୍ଦୃଷ୍ଟିର ଆଇନାରେ
ନିଜେ ଇ ନିଜ ଆଖିରେ
ନାଇବାକୁ ହେବ ଦୂରଦୃଷ୍ଟିର ଅଞ୍ଜନ
ପ୍ରଜ୍ୱଳିତ ବିମୁକ୍ତିର ମଶାଲ ହାତରେ
କାଟି ବଢ଼ିବାକୁ ହେବ ମହାନ୍ଧକାର... ।

ସ୍ଥିର ନୁହେଁ 'ଗତି'
କ୍ଳାନ୍ତି ନୁହେଁ ଶକ୍ତିର ଉପଯୋଗରେ ହିଁ
ସମର୍ଥ ଜୀବନର ବ୍ୟଞ୍ଜନାକ୍ତ ପ୍ରବାହ
ଐଶ୍ୱରୀୟ ସିଦ୍ଧି,
ଉତ୍ତରିତ ଉପଲବ୍ଧି
ଦିବ୍ୟତାର ସୁମିଷ୍ଟ ଚୁମ୍ବନ ।

■

ଦେବମାନବ ହେ

ଦେବ ମାନବ ହେ
ତମ ଛାତି ଭିତରେ
ସଞ୍ଚିଥିଲ କି ଏ ମହାର୍ଘ ସମୁଦ୍ର
ଯା ଜଳ ନୁହେଁ
କୋହ କରୁଣାର ମହୋଦଧି... ।

ଦ୍ୟୁତିସ୍ନାତ ତମ ଆଖି ଭିତରେ
ଖଞ୍ଜିଥିଲ କି
ଆପଣାପଣର ମଣିକାଞ୍ଚନ
ଔଜ୍ଜ୍ୱଲ୍ୟରେ ଯା'
ଠି' ପହର ଥିଲା ଭାବବତୁରା... ।

ଚନ୍ଦର ଘୋଡ଼ା
ଆବେଗ ଅଧୀର ହୃଦୟରେ
ଅବିରତ ଜଳୁଥିଲା ଯେଉଁ ଅଖଣ୍ଡଦୀପ
ବ୍ରତପାଳି ଆଜୀବନ ଯେ
ଆଚରୁଥିଲ ପରୋପକାର
ଦଧୀଚି ପରି ବାଣ୍ଟିବାରେ ତ କୁଣ୍ଠା ନଥିଲା
ରକ୍ତ ମାଂସ ହାଡ଼ର ଶରୀର
ନିର୍ଲୋଭ ଅଜାଡ଼ି ଦେବାକୁ ନିଜସ୍ୱ

ଦୁଃଖ ଦରଦ ଆପତ୍ତି ବିପତ୍ତିରେ
ଦେଶ କି ଦେଶବାସୀଙ୍କର... ।
ଘନକୃଷ୍ଣ ଶ୍ମଶ୍ରୁ ସମୂହରେ
ସାଇତି ଥିଲ ମଣିଷ ପଣିଆର
କେଉଁ ଗୂଢ଼ ଗହନ ତତ୍ତ୍ୱ
ସେବା ଓ ସହୃଦୟତାର
ସରଳ ସମୀକରଣରେ ଆମରଣ
ଅଙ୍କ କଷୁଥିଲ ଜୀବନକୁ
ବର୍ଷ, ମାସ, ଦିନ, ଦଣ୍ଡର ପରିଧିରେ... ।

ମାନବ ନୁହଁ
ଦେବ ଅଂଶୀ ତମର ଏ ତ୍ୟାଗ ଓ ତର୍ପଣରେ
ବିଶ୍ୱ ପ୍ରେମର ଏ ପବିତ୍ର ନିଦର୍ଶନ
ଆତ୍ମଜ୍ଞାନର ଅସୀମ ଅମୂଲ୍ୟ ଉପଲବ୍ଧି... ।

ଦେବ ମାନବ ହେ...
ତମେ ସତତ ପ୍ରଣମ୍ୟ !
ତମ ପୁନରାଗମନର ପ୍ରତୀକ୍ଷାରେ
ଏବେ ବି ଏ ଉତ୍ତର ଦାୟାଦ,
ଯୁଗଜୟୀ ତମ
ଦୀକ୍ଷା ଆଉ ଦର୍ଶନର ଅଭାବରେ
ଏବେ ବି ଏ ବିଶ୍ୱଭୂମି,
ଏବେ ବି ମଣିଷ ଜାତି,
ତହ ତହ ଏବେ ବି ଏ
ସସାଗର ଧରା... ।

ଅକବିର କବିତା

ନା', ଜମାରୁ ହେଲାନି ।
ଚିକିଟା ପଟୁରେ ବି ଠା' ଠା' ରହିଗଲା
ଛୋଟ ବଡ଼ ଗୋଡ଼ି, ଗେଟମା
କୁଟା କାଠି, ଟେଲୁଆ ମାଟି
କାଁ ଭାଁ ଘାସ ପତର... ।

ମୋତେ ଯେ, ଆହୁରି ମୁଲାୟମ୍
ଆହୁରି କଅଁଳ, ଲତ୍‌ପତ୍ କରିବାକୁ ହବ
କବିତାର କଳେବର,
ଏ କଞ୍ଚା ମାଟିରୁ
ବାଛି ବୁଛି ଫିଙ୍ଗି ଦେବାକୁ ହବ
ଯେତେ ସବୁ ଅନାବନା ଅଦରକାରୀ ଚିଜ
ଅଲରା... ବଲରା... ।

ତେବେ ହିଁ ବୋଧେ
ଛଳଛଳ କଳକଳ ହେଇ
କଥା କହିବ ଏ ଲଳିତା, ଲବଙ୍ଗଲତା
ଭେଦିବ ମଥାରୁ ମରମକୁ
ଖେଳାଇବ ତଡ଼ିତ୍ ତରଙ୍ଗ... ।

କରୁଣ, ଶୃଙ୍ଗାର, ବୀର...
କେଉଁ ରସରାସରେ ହାତଚକଟା
ଏ ମାଟି ମୁଣ୍ଡାକ ହେବ ଅଧିକ ରସାଳ
କେଉଁ ରାଗରେ ରଙ୍ଗବତୀର ତନୁ ହବ
ଆହୁରି ରଙ୍ଗୀନ୍, ରମ୍ୟ ନଅର... ।

କେଉଁ ଭଂଗୀ, କେଉଁ ଭାବ
କେଉଁ ଲୟ, କେଉଁ ଛଟା
କେତେ କଳ୍ପନା, କେତେ ବାସ୍ତବତାର ସଂପୁଟ
କେଉଁ ଗୃହୀତ ଭାଗ ମାପ, କାରୁଚାତୁରରେ
ଗଢ଼ିବି ଲାବଣ୍ୟବତୀ ଏ ଶବ୍ଦପ୍ରତିମା
ଆଉ କେତେ ଗାଢ଼ ଆବେଗ,
ସ୍ୱଚ୍ଛ ସୁରାଗରେ
ଗାଧୋଇ ପାଧୋଇ ଦେଲେ ତନ୍ୱୀକାୟାରେ
ଫୁଟି ଉଠିବ ହେମାଙ୍ଗିନୀ ଆଭା... ।

ଖୁଲମ୍ ଖୁଲା
କୁହୁକ ଖିଅକୁ ଧରାଇ ଦେଲେ ତ
କଥା ସଇଲା, ଲୁଚା ଘେରାରେ
ବିବଶ, ବିବାକ୍ କରିବାକୁ ହେବ
ମଗଜିଆ ଦେଖାଣାହାରିଙ୍କୁ
ଚିତ୍ରାବୟବକୁ ଘୋଡାଇ ଦେବାକୁ ହବ
ଝୀନ ଜାଜ୍ୱଲ୍ୟ ଉତ୍ତରୀୟ,
ଆକାଂକ୍ଷିତ ଆସ୍ତରଣ
ବୁଝି ବିଚାରି ଖଂଜି ଦେବାକୁ ହେବ
ପୂତ ପରିପକ୍ୱ ପିଣ୍ଡ, ଯୋଗ୍ୟ ରୂପକଳ୍ପ
ଅନ୍ତଃସ୍ୱର ସ୍ୱତନ୍ତ୍ର,

ହେବାକୁ ଆଲୋଚ୍ୟ, ଉଚ୍ଚାଙ୍ଗ
ଆହ୍ଲାଦରେ ଭରିଦେବାକୁ ଛାତିଭିତର
ପ୍ରିୟ ଓ ପରମ ରାଜ ରସିକର... ।

ସଲାମ୍ କଲାମ୍

ଜାତୀୟତାର ମହାମଂଚରେ
ତମଠୁ ବଳି
କୁଶଳୀ କ୍ରୀତଦାସ ଆଉ କିଏ
ତମ ଛଡ଼ା କିଏ ଆଉ
ଜ୍ଞାନ ଆଉ ଦାନର
ଏକାନ୍ତ ଛତ୍ରପତି... ।

ତମେ ପୁଞ୍ଜିପତି
ଛାତି ଛାତି ଆମ୍ବ ବିଶ୍ୱାସର
ଭରାଆଖି ସ୍ୱପ୍ନର
ପୁଞ୍ଜିପତି, ଅକୁଣ୍ଠ ତ୍ୟାଗ ଓ ଆଦର୍ଶ
ଅସରନ୍ତି ଅନୁକମ୍ପା, ମଣିଷ ପଣର... ।

ଜୀବନ ଯାତନା
ଅଭାବ ଅନଟନର ପ୍ରତ୍ୟକ୍ଷ ଉପକୂଳରେ
ଆଜୀବନ ନିନାଦିତ
ତମ ସଂଘର୍ଷର ତୂରୀ
ଚିର ଉଜ୍ଜୀବିତ, ଚିର ଉନ୍ମୀଳିତ
ତମ ଜ୍ଞାନ ବିଜ୍ଞାନର
ସୁରଭିତ, ସୁରକ୍ଷିତ ପଦ୍ମକୋରକ... ।

ପ୍ରବୁଦ୍ଧ ହେ କର୍ମଯୋଗୀ
ମା' ମାଟିର ଅଖଣ୍ଡତା
ସେବା ଆଉ ଶ୍ରମ
କର୍ମ ଆଉ ଧର୍ମ ପାଇଁ
ଉତ୍କଣ୍ଠିତ ତମ ଚିନ୍ତା ଓ ଚେତନା
ସତେ, କେଉଁ ପ୍ରେରଣାର
ସ୍ଫୁଲିଙ୍ଗରେ ପ୍ରଜ୍ୱଳିତ
ଚିରଦୀପ୍ତ ତମ ହୃଦୟରେ ମାନବିକତାର,
ପ୍ରେମ ଆଉ ସଂହତିର ବିଶ୍ୱାୟନର ବର୍ତ୍ତିକା
ନିଃସ୍ୱାର୍ଥ ଜାତିହିତର ପରିକଳ୍ପନା... ।

ସ୍ୱପ୍ନଦ୍ରଷ୍ଟା,
ହେ ଅଗ୍ନିପୁରୁଷ !
ଅଦ୍ୱିତୀୟ ବିଜ୍ଞାନ ସନ୍ଧାନୀ,
ଅଜେୟ ପାର୍ଥ ସମଗ୍ର ପୃଥ୍ୱୀର
ନିୟତ ନିମଗ୍ନ
ତପୋନିଷ୍ଠ ସିଦ୍ଧଯୋଗୀ,
ନିରଳସ ସାଧକ ଜ୍ଞାନ ଓ ସ୍ୱପ୍ନର ।

ଦେଶ ମାତୃକାର ପୂଜାରୀ ହେ !
ମହାକାଶର ମହାମାନବ,
ତେଜସ୍ୱୀ ମାର୍ଗ ଦର୍ଶକ
ସଲାମ୍, ସଲାମ୍, ସଲାମ୍
ତମକୁ ଶତ ସଲାମ ହେ କଲାମ
ତମକୁ କୋଟି ସଲାମ ।
ବିଜ୍ଞାନୀବର କଲାମ୍,
ତମକୁ କୋଟି ସଲାମ୍... ।

ଦେବଦୂତଙ୍କୁ

ଉତ୍ତୁଙ୍ଗ ତ୍ୟାଗ
କରୁଣାର କୌସ୍ତୁଭ
ମାନବିକତାର ମଣିକାଞ୍ଚନରେ
ସୁଠାମ, ସଦା ଉଜ୍ଜ୍ୱଳ ତମ ବପୁକାନ୍ତି ।

ଦେବଦୂତ ହେ... ।
ମାନବ ପ୍ରୀତିର କେଉଁ ସମ୍ମୋହକ ମନ୍ତ୍ରରେ
ଦିକ୍ଷୀତ କରିଥିଲ ନିଜକୁ,
କେଉଁ ଅରୋକା ଡାକରେ ହୃଦୟର
ଦୁଃଖ ଦରଦରେ ଅପରର
ଲୁହରେ ବତୁରାଇ ନିଜକୁ
ଟିକି ଟିକି ବାଣ୍ଟି ଚାଲିଥିଲ
ରକ୍ତ, ମାଂସ, ହାଡ଼ର ବିବିଧତାରେ
ଦେଶ ଓ ଜାତିର ଚଲାପଥରେ
ଶତ ସହସ୍ର ଖାଲଖମାରେ ଅକୁଣ୍ଠ
ପୁଣି ଉଚ୍ଛଳ ପରମାନନ୍ଦରେ... ।

କେଉଁ ଅମୋଘ ଡ଼ାକରେ ବିଶ୍ୱପ୍ରେମର
ପୁତ୍ର ପରିବାର ତେଜି

ସଂସାର ସେବାରେ ନିୟୋଜିଥିଲ ନିଜକୁ
ହେ ମାନବ ଈଶ୍ୱର !
ଦୁର୍ଲଭ କେଉଁ ଉନ୍ମାଦନାରେ ଉଚ୍ଚାରିଥିଲ
ନିଖୁଣ ଜାତୀୟତାର ମହାମନ୍ତ୍ର !
ତମ ଉଦାତ୍ତ କଣ୍ଠରେ
କୃତକର୍ମର ଉଦାହରଣରେ
ତିଆରିଥିଲ ଭୋଗ ଓ ତ୍ୟାଗର
କଥାକୁହା ସଂଜ୍ଞା... ।

ହେ ତ୍ୟାଗବୀର !
ସେବା କରୁଣାର ମହାସିନ୍ଧୁ
ପୁଣି କି ଥରେ ଅବତରିବ ଏ ଧରାଧାମରେ
ବିଶ୍ୱପ୍ରେମର ଅଲଂଘ୍ୟ ଆହ୍ୱାନରେ
ଶିଳା ନିର୍ଜୀବ ପ୍ରତିମାରୁ ଜୀବନ୍ତ ଦେହରେ
ଆତ୍ମଜ୍ଞାନର ମଶାଲ ଜାଳି
ସହର, ବସ୍ତିର ଛକ ଛାତିରେ
ମଣିଷ ପଣିଆର ମାଦକ ମନ୍ତ୍ରପାଠରେ
ଚିହ୍ନାଇ ଦେବ ସାରା ଜଗତକୁ
ରକ୍ତ, ମାଂସ, ହାଡ଼ର ମହନୀୟ ମହିମା
ଭାଙ୍ଗିବ ଉତ୍ତର ଦାୟାଦଙ୍କ ଜଡ଼ତ୍ୱ
ଅଙ୍ଗୀକାରବୋଧକୁ ଦେବ ଜୀବନ୍ୟାସ,
ସ୍ୱାର୍ଥୀ, ଶିଥିଳ କଳୁଷ ମଣିଷର... ।

ଦେବଦୂତ ହେ !
ତମ ପୁନର୍ଜନ୍ମର ଆକୁଳ ଅପେକ୍ଷାରେ
ଏବେ ବି ଏ ଧରାଧାମ,
ଏବେ ବି ଅଭାବରେ

ଯୋଗଜନ୍ମା କେହି ଜଣେ
ଯୋଗୀବରର ସଂବେଦୀ ଆବିର୍ଭାବରେ
ପ୍ରେରଣା ପ୍ରଦାୟୀ ଚିର
ତ୍ୟାଗପୂତ କର୍ମ କର୍ମାଣିର
ଅସରନ୍ତି ପ୍ରତୀକ୍ଷାରେ ଏବେ ବି
ପ୍ରଣାମି ହେବାକୁ ତବ
ଶୁଦ୍ଧ, ପୂତ ପଦଯୁଗଳରେ... ।

■

ବୋଲକରା

ସେ କଥା ସେ ଜାଣେ !

ରହିବ କି ନ ରହିବ ସାଥିରେ
ଯଦିଚ ରହିବ... କେତେ ଦିନକୁ !
ମତେଇ ତତେଇ ଅଲାଉସୁରା
ନଚେଇବ କି ନାହିଁ ଟୁଲ୍‌ଟୁଲ୍
ବେଳ ଅବେଳରେ ନିଶା ଚଖେଇ !

ପଚାରିବ ତ,
ଏମିତି ଅନେକ ପ୍ରଶ୍ନର ଉତ୍ତର
ଖାସ୍ କରି ତା'ରି ପାଖେ... ।

କଥା କି ଏଡ଼ି ହୁଏ !
କବିତାର ପ୍ରେମରେ ଯେ
ପଡ଼ିଛ ଗୋଟାମୋଟା,
ଯାବତୀୟ ଅଳି ଅର୍ଦ୍ଦଳି
ବେଜାଏ ଅଝଟପଣକୁ ଆଦରି
ଅଦେଖା ତା' ଆଙ୍ଗୁଠି ଇସାରାରେ
ଉଠ୍‌ବସ୍, ଅଥୟ ହେବା ହିଁ ସାର...

ଅଘୋଷିତ ସ୍ୱୟଂବର ପରି
ତମର କେଇ ଗୁଣ ଅବିଗୁଣକୁ
ବରିଛି ନିଶ୍ଚେ ବିଦୁଷୀ !
ନ ହେଲେ କି ମନପୁରା
ଯାଚିଦିଅନ୍ତା ମଧୁମଦିରା
ଭାବ ପୀରତିର ତୃପ୍ତିଦାୟୀ ରାଜକୀୟ ପାନୀୟ !
ସଭିଙ୍କ ଅଲକ୍ଷରେ ସାଦରେ... ।

ବିଚରା ବୋଲକରାର ଘରା କାହିଁ ?

ଛୁଉଁ ନ ଛୁଉଁ
ଅମୃତକ୍ଷରାର ଅପେକ୍ଷାରେ
କାଳାବଧି କବିର ତୃଷାତୁର ଓଠ
ତା'କୁ ହାତଠାରି ଡାକିବ ହିଁ ଡାକିବ
ସମ୍ମୋହନୀ ଶବ୍ଦର ପାରିଧି
ତ, ଏଣେ ଖିଆଲୀ କବି
ଚହଲି ଉଠୁଥିବ, ମୁହୁର୍ମୁହୁ ଭିନ୍ନ ଏକ
ଅନ୍ୟମନସ୍କ ମୁଦ୍ରାରେ
ଦୁଷ୍ପ୍ରାପ୍ୟ ହେମହରିଣୀର
ମାତାଲି ମୋହରେ... ।

■

ମହାର୍ଘ ଏ ବେଳ

ବାନ୍ଧି କି ହବ ବୟସକୁ, ଆୟୁଷକୁ
ବାଲି ଗରଡ଼ା ପରି ଆଙ୍ଗୁଠି ସନ୍ଧିରୁ
ଖସି ଯାଉଛି ସମୟ
କିଏ ଅବା ଧରି ରଖିପାରିଲାଣି
ବର୍ଷ,ମାସ, ଦିନ, ଦଣ୍ଡ
ଏ ସବୁ ତ ସମୟର ମାପକାଠି ଯାହା
ଟିପି ରଖିବାକୁ ଘଟଣା, ଅଘଟଣ
ଚିତ୍ର, ଚରିତ୍ରର ସବିଶେଷ ବିବରଣୀ,
ଏନ୍ତୁଡ଼ିରୁ ଜୁଇଯାଏଁ
ଜୀବନ ଯାତ୍ରାର ଜୀବନ୍ତ କାହାଣୀ... ।

ଉତ୍ତାଳ ଉଦଧି
ସଂସାର ସମୁଦ୍ରରେ ଭାବ ବୋଇତରେ ଆମେ... ।

ଯେଉଁ ସ୍ୱେଦ ଶୋଣିତର ଜଳାଞ୍ଜଳିରେ
ଫୁଟିଛି ସଂପର୍କର ଶତସହସ୍ର ପାରିଜାତ
ମୁହୁର୍ମୁହୁ ସର୍ଜନାର ସୁରଭିତ ବାସ୍ନାରେ
ମହକୁଛି ଫି ଦିନର ସକାଳ,
ନବାଙ୍କୁରଣର ଆହ୍ଲାଦ, ଆଲୋଡ଼ନରେ
ଉଦ୍‌ବେଳିତ ହୋଇଛି ହୃଦୟ

ନିତ୍ୟ ନିୟତ ସୂର୍ଯ୍ୟାଲୋକରେ
ଦୀପ୍ତିମନ୍ତ ହୋଇଛି ଚେତନା
ଯେଉଁ ପାଣି ପବନରେ
ପୁଷ୍ଟ ହୋଇଛି ଏ ହାଡ଼ମାଂସର ଶରୀର !
ଯେଉଁ ମାଟିର ଉର୍ବରତାରେ
ସଦାମୁକୁରିତ ଏ ମଗଜ
ତା'ର ପ୍ରତିଦାନ କି
ଦେଇ ହେବ ସତରେ, ଏ ଜନ୍ମରେ... ।

କିଏ ଜାଣେ
ଜୀବନ ନାଟକର କେଉଁ ଅଙ୍କରେ
କାହାପାଇଁ, କେଉଁ ଭୂମିକାରେ ଆମେ !
କେଉଁ ଦୃଶ୍ୟ ଜୀବନର ଶେଷଦୃଶ୍ୟ !
କେଉଁଥିକି ରଙ୍ଗମଖା ମୁହଁରେ
ହସ କାନ୍ଦ, ସୁଖ ଦୁଃଖର
ଏ ନିବିଡ଼ ପ୍ରତିଫଳନ,
ପ୍ରେମ ପ୍ରତାରଣାର ବିଷମ ଭୋଗ, ମୁଖାଭିନୟ... ।

ପ୍ରାପ୍ତି ଅପ୍ରାପ୍ତିର ଅଙ୍କ କଷୁ କଷୁ
ହାର୍‌ଜିତ୍ ହିସାବରେ
ଜୀବନ ଖେଳର
ଏ ବେଳ କାହିଁକି ମନେହୁଏ
ପରିଶୋଧ ପ୍ରୟାସର
ଅହଙ୍କାର କି ଉପଭୋଗର ନୁହେଁ
ତ୍ୟାଗ ଆଉ ଉତ୍ସର୍ଗର
ଅବସର ଅବା ଏ ବେଳ,
ସତେକି ବା ମହାର୍ଘ ଉପହାର ଏ ବେଳ
ପୌନଃପୁନିକ ଆତ୍ମସମୀକ୍ଷାର... । ■

ଘରପୋଡ଼ି

ଆରତ ସୁରେ ଘର ଚଟିଆର ଚଞ୍ଚୁ
ଛନ ଛନ ଲାଉଡ଼ଙ୍କ ଚରା
ଝଲଘରେ ଲାଗିଛି ନିଆଁ,
ବାହାରେ ବେଶ୍ ଜମାଣିଆ
ଦେଖାଣାହାରିଙ୍କ ଭିଡ଼
ନିଃସ୍ପୃହ, ନିରୁଦ୍‌ବିଗ୍ନ, ନିର୍ବିକାର
ଘର ଝରିକଡ଼ର ଶହ ଶହ ଆଖି... ।

ଗମ୍ଭିରିଘର ଅଧାପୋଡ଼ା ଶବ
ମୁନିବ ଓ ନିଷ୍ପାପ ଛୁଆପିଲାଙ୍କର ।

ଲହ ଲହ
ଯେଉଁ ବତାସୀବାଆର ଜିଭ ପରଶରେ
ଏ ନିଆଁ ଏତେ ଉନ୍ମାଦ, ଉତ୍‌କ୍ଷିପ୍ତ
ତାକୁ ଶାନ୍ତ କରିବ କିଏ ?
କେଉଁ କମଣ୍ଡଳୁର ଜଳସିଞ୍ଚନରେ
କେଉଁ ବଶୀକରଣ ମନ୍ତ୍ରୋଚ୍ଚାରଣରେ

କେଉଁ କାନ୍‌ଭାସ୍‌ର ପ୍ରଶସ୍ତ ଛାତି
ଆଙ୍କି ଧରିବ ଏ ଜଳାକୁହୁଳା
ମନଗହନର ଅଣାୟତ୍ତ ଛବି
ଦରପୋଡ଼ା, ଦରଯତନା... ।

ଘଡ଼ିକି ଘଡ଼ି ବଦଳି ଯାଉଛି
ଜୀବନର ସଂଜ୍ଞା, ସୃଜନାୟନ
ଅନୁଭବର ରଙ୍ଗୁ ଚିତ୍ରପଟ... ।

ଅର୍ଦ୍ଧଦଗ୍ଧ ମସ୍ତିଷ୍କର ସୂକ୍ଷ୍ମ ତନ୍ତୁରାଜି
କ୍ଷତାକ୍ତ ଆବେଗ, ଟକ୍‌ମକ୍ ରକ୍ତର
ଅସହ୍ୟ ଉତ୍ତାପରେ ଅଶାନ୍ତ ଏକାକୀତ୍ୱ
ବିଳପିତ ବ୍ୟକ୍ତିତ୍ୱ... ।

ଅନ୍ତହୀନ ଅନ୍ତର୍ଦାହର ଏ
ଅଲିଭା ନିଆଁଝୁଲ
କାଳେ ନିତି ନିତି ମରଣର
ଅନ୍ତରଙ୍ଗ କାରକ,
ତାଜା ରକ୍ତମାଂସର ରଙ୍ଗମଂଚରେ
ଅସ୍ପଷ୍ଟ ଅଦୃଶ୍ୟ
ଯବନିକା ପତନର ଶକ୍ତ ଆବାହକ... ।

ନିରବତାର କଥା

ଲୋକଟା
ନିରବି ଯାଇଛି
ମାନେ ନୁହେଁ ସେ ରୋଗଗ୍ରସ୍ତ, ମୃତ
ବରଂ ନିଜକୁ ଅପସାରି
କିଛି ନୂଆ ସୃଜିବାରେ ତା' ଯୋଜନା... ।
ଯେଉଁ କବାଟକିଳା
ଘର ବଖୁରାରେ ସେ ବନ୍ଦ ବସିଛି ଦିନରାତି
ଦୂରେଇ ଦେଇଛି ଚଉରିପାଖର କୋଳାହଳ
ବୁଝି ସାରିଛି , ଅବୁଝା ଲୋକଙ୍କ ମେଳିରେ
କିଛି ନୁହଁ ସେ ବରଂ ନଟୁଟିଏ
କାହା କୂଟଖେଳର ସାମଗ୍ରୀ, ନାଇଁ ତ
ବଳି ପାଇଁ ଉଦ୍ଦିଷ୍ଟ ଗୋଟେ ନିରୀହ ଛେଳି
ଯାହା କପାଳରେ ଦକ୍ ଦକ୍ ସାଜୁଛି
ସିନ୍ଦୂର, ହଳଦୀ, ଅକ୍ଷତ ଚଉଳର ମୋହର
କେଉଁ ଅସନ୍ତୁଷ୍ଟ, ଅତୃପ୍ତ ପ୍ରେତାତ୍ମା ପାଇଁ
ସେ ଭାବୀ ନୈବେଦ୍ୟ
କାହା ଯଜ୍ଞହାତର ହଣାଖିଆ
ରକ୍ତ ମାଂସର ଭୋଗଥାଳି... ।

ଏମିତି ବି ସର୍ବସମ୍ମୁଖରେ
ତା' ନିରବତାର କାରଣ ପୁଚ୍ଛା ଅକାରଣ ।

ଛାତି ତଳର
ଯେଉଁ କୋମଳ ଆବେଗ
ଆହତ ଅନୁରାଗମାନଙ୍କୁ ପୁଞ୍ଜିକରି
ସେ ମୌନଯାନରେ ଆସୀନ
ମାଇଲ ମାଇଲ
ନିଘଞ୍ଚ ବନାନୀର ଏକ୍ଲା ପଥଚରୀ
କୁହ ତ ! ତା'ର କି ବିକଳ୍ପ ଅଛି
ଚରି ପାଖର ହିଂସ୍ର,
ଈର୍ଷା ଆଉ ଅବିଶ୍ୱାସୀ ଜୀବନ ଜିଆଁରେ... ।

ନ ଶୁଭିଲା ତ ନାହିଁ
ନିହଣ ମୁଗୁରର ଠନ୍ ଠାନ୍
ସେ ଯେ ସର୍ଜନାର ଅତନ୍ଦ୍ର ପୂଜାରୀ
ଭୋଗୁଛି ଜ୍ୱାଳାମୟୀ
ଆତ୍ମଭେଦୀ ଅନେକ କୋଳାହଳର ହଳାହଳ
ସହସ୍ର ସଂରଚନାର ମାଲିକାନା
ଅବିରାମ ମେହେନତି, ହେପାଜତିର ଯାତନା... ।

ସୁତରାଂ
ଲୋକଟାକୁ ଆଜାଦ୍ କରିଦିଆଯାଉ
ଭୋଗିବାକୁ ତା' ମନ ମର୍ଜି,
ବିନା ତପଭଙ୍ଗରେ
ଅଖଣ୍ଡ ନିରବତାର ସମାଧି,
ଅନ୍ତଃକରଣରେ

ଶବ୍ଦଶୂନ୍ୟ ବିସ୍ଫୋରକ ବିଘଟନ
ନତୁବା, ଅଧାରେ ଅଟକିଯିବ ଅଙ୍କୁରୋଦ୍‌ଗମ
ବୁଦ୍‌ ବୁଦ୍‌ ସୃଜନର ସ୍ପନ୍ଦନ
ଗର୍ଭଗୃହରେ ଅଧାଗଢ଼ା ରହିବେ
ଆକାଂକ୍ଷିତ ଦିଅଁ... ।

ସେବିକା ପ୍ରତି

ହୁଏତ ବହୁ ଆଗରୁ
କେଉଁ ଏକ ଯଥାର୍ଥ ମଙ୍ଗଳ କାମନା କରି
କେହି ଜଣେ କୁଶଳୀ କାରିଗର
ସ୍ନେହ, ପ୍ରେମ ଦୟା କରୁଣାରୁ ଛାଣିଚାଏ
ରୋପି ଦେଇଚି ରକ୍ତର ଏ
ଗୋଟି ଗୋଟି ଲୋହିତ କଣିକାରେ,
ଶ୍ୱେତ କଣିକାରେ ସେବା ଆଉ ଶ୍ରମର
ସୂକ୍ଷ୍ମକୋଷୀ ଉପାଦନ...
ତହିଁକୁ ତ୍ୟାଗ ଆଉ ଉତ୍ସର୍ଗର
ଚିରୁଡ଼ା ଚିରୁଡ଼ା ଉଜ୍ଜ୍ୱଳ ଅରୁଣିମା... ।

ହୁଏତ କେହି ଜଣେ ଈଶ୍ୱର
ଲଲାଟରେ ଲେଖି ଦେଇଚି
ଯା' ମା'...
ତୋ ସୃଷ୍ଟି, ବିଲୟ, ଯାବତୀୟ ଖେଳାଲୀଳା
ଅନୁକମ୍ପାର ସେଇ ଆର୍ଦ୍ର ଅଗଣାରେ
ହିଁ କେବଳ... ।
ତୁ ରାଜ କୁମାରୀ ତ୍ୟକ୍ତଦସ୍ଥ ରାଜଉଆସର... ।

ହୁଏ ତ, ତୁ ଭୋଗିପାରୁ ପୀଡ଼ା, ଅନିଦ୍ରା
ଆଜୀବନ ଯୁଝିପାରୁ ନିଜ ସହ
ନିତି ନିତି ଭେଟିପାରୁ ଦୁଃଖ ଦୈନ୍ୟ ରୋଗ ଶୋକ
ଏପରିକି ଯୁଝିପାରୁ ନିଜ ସହ ନିଜେ
ଆଖି ସାମ୍ନାରେ ତୋର
ଜନ୍ମ ମୃତ୍ୟୁର ଅସରନ୍ତି ଉଲ୍ଲାସ, ଜ୍ୱଳନ୍ତ ଯାତନା
ସୃଷ୍ଟିର ଆଦ୍ୟ ଓଁ କାର ଶୈଶବର କୁଆଁ କୁଆଁ
କୈଶୋରର ଲଳିତ ଉନ୍ମାଦ
ତୋ ଅମୀୟ ସ୍ପର୍ଶର ଅପେକ୍ଷାରେ
କାହା କ୍ଲାନ୍ତ, ଅବସନ୍ନ ବପୁ
ଦୁଃସ୍ଥ କେହି ଜରାକ୍ଲିଷ୍ଟ ବାର୍ଦ୍ଧକ୍ୟ ଦଂଶିତ... ।

ଭୋଗରେ ନୁହଁ
ତ୍ୟାଗରେ ତୋର ଅଫୁରନ୍ତ ଆନନ୍ଦ
ଆତ୍ମମ୍ଭରି ସନ୍ତୋଷ, ନିଃଶବ୍ଦ ବିଭୋରପଣ
ଅପରକୁ ଭଲ ପାଇବାରେ
ସେବିବାରେ ଅକୁଣ୍ଠ ଅନବରତ... ।

ମା, ଧୈର୍ଯ୍ୟର ସୁଗଭୀର ଗଣ୍ଡରେ
ତୋର ସୁଂସଯତ ନୌପାରିଧି
ଯୁଦ୍ଧଂ ଦେହି ଡ଼ାକରା... ।
ତୁ ଦ୍ୟୁତିଦାତ୍ରୀ ମ୍ଳାନ ଚକ୍ଷୁର
ତୋ' କୋମଳ ବିମଳ ସ୍ପର୍ଶରେ
ଜୀର୍ଣ୍ଣ ଶୀର୍ଣ୍ଣ ରୁଗ୍ଣ ଅଂଗରେ କା'ର
ପ୍ରାଣ, ପ୍ରାଚୁର୍ଯ୍ୟର ସଂଚରଣ... ।

ସଖୀ ତୁ, ସାକ୍ଷୀ ତୁ ନିରଳସ ସେବାର ସାଧିକା

ତୋ ଛୁଆଁରେ ଜଳିଉଠେ ଜୀବନ ପ୍ରଦୀପ
ଲିଭି ଯାଏ ଜୀବନର ଶେଷ ଦୀପଶିଖା ।
ତୃପ୍ତିରେ, ଶାନ୍ତିରେ... ।

ମା' ତୁ ମମତାର ମହୋଦଧି
ପରମା, ପବିତ୍ରା ତୁ
ଜୀବନ ସଂହିତାର
ସର୍ବଶ୍ରେଷ୍ଠ ଏକନିଷ୍ଠ ବିଦଗ୍ଧ ପାଠିକା... ।

ଅନ୍ନମୟ କୋଷ

ଅନ୍ନ ଆଧାରୀ ପ୍ରାଣ
ପ୍ରାଣମୟ ପିଣ୍ଡ
ପିଣ୍ଡ ସର୍ବସ୍ୱ ସଚରାଚର ପୃଥ୍ୱୀ... ।
ଯାହା ଘଟିସାରିଛି,
ଯାହା ଘଟିବ,
ଯାହା କିଛି ଏବର
ସବୁକିଛିର ସୂତ୍ରପାତ
ଅନ୍ନର ଏ ଦାନା ଗୋଟିକର ଗର୍ଭଗୃହରେ... ।

ଦିଗ୍‌ଦିଗନ୍ତ ଉଡ଼ିବୁଲୁଥିବା ପକ୍ଷୀ
ଦିନୁଦିନ ଡ଼ାଳପତ୍ରରେ ବଢ଼ିଚାଲିଥିବା ବୃକ୍ଷ
ଲହଲହକା ବେପରବାଏ ଏ ମାତାଲି ଲତା
ସୁଖଦୁଃଖର ଜୀବନ ଭୋଗୁଥିବା
କୀଟପତଙ୍ଗ, ବହୁବିଧ ଜୀବ ଜଗତ
ଟିକିଦେହୀ ଦାନାର ଏ
ପରସ୍ତ ପରସ୍ତ ଆସ୍ତରଣରେ ହିଁ
ସଭିଙ୍କର ଭାଗ୍ୟ ଲିଖନ
ଜନ୍ମ ମୃତ୍ୟୁର କଡ଼ା ଗଣ୍ଡା ହିସାବ
ବିତୁଥିବା ଦିନ ମାନଙ୍କର... ।

ଅନ୍ନ ଗର୍ଭାଶୟରେ ସଂଗୋପିତ
ଜୀବନର ଦୁର୍ଲଭ ଗଜଲ୍
ଉଷ୍ମ ଆବେଗରେ ଉଲ୍ଲସିତ କୋମଳ ମହ୍ଲାର
ଜରାୟୁ ସୁରକ୍ଷିତ,
ଜୀବନ ଯୁଦ୍ଧରେ ଆଗକୁ ବଢ଼ିବାର
ଅଣୁ ଅଣୁ ଆତ୍ମ ପ୍ରତ୍ୟୟ... ।

କାଳ କାଳକ
ଅନ୍ନ ହିଁ ଗୁପ୍ତଘର ନୀରବ ପ୍ରାର୍ଥନାର
ସୁଶ୍ରୀ ସୁଖଦାୟୀ ପୃଥ୍ୱୀଟିଏ ଗଢ଼ିହେବାର... ।
ଏଣିକି ଏତିକି ପ୍ରାର୍ଥନା ଈଶ୍ୱରଙ୍କୁ
ହା' ଅନ୍ନ, ହା'ଅନ୍ନର କରୁଣ ଆର୍ତ୍ତିରେ
ବଳି ନ ପଡୁ କାହାରି ବି ଜୀବନ
ଟୁକୁଡ଼ାଏ ସ୍ୱପ୍ନକୁ ସାଥୀକରି ସଫଳ ରହୁ
କ୍ଷୁଦ୍ରାତିକ୍ଷୁଦ୍ର ଜୀବନର ତୀର୍ଥଯାତ୍ରା... ।

ମେଘରୁ ଆର୍ଦ୍ରତା, ମାଟିରୁ ସାରାଂଶ
ସାହସ ସାଉଁଟି ଆଲୋକରୁ
ଫଳନ୍ତି ହେଉ ଓଲଟ ବୃକ୍ଷର ଡ଼ାଳ
ନିତି ନିତି ଜୀବନ୍ୟାସରେ
ଫୁଲ ଚନ୍ଦନର ଆଶିଷ ଛାଟି
ଅକ୍ଷୟ ହସୁ ମୁକୁଳା ଆକାଶ
ଉଲଂଘ ଆୟୁଷର ବର୍ଣ୍ଣମୟ ଚିତ୍ରପଟରେ
ଚିତ୍ରେଇ ଉଠୁ ଛୋଟବଡ଼ ଜୀବନ
ଜୀବନ ଧାରଣରେ ତୃପ୍ତ ହେଉ ଧରିତ୍ରୀ... ।

ପୀଢ଼ି ପରେ ପୀଢ଼ି
ଅନ୍ନକୁ ସାକ୍ଷୀ ରଖି
ସମୟର ସୁଦୀର୍ଘ ଘୋଷଯାତ୍ରା
ତ୍ରିକାଳ ସତ୍ୟ,
ଚିରନ୍ତନ ସିଦ୍ଧ ଏ ଆପ୍ତବାକ୍ୟ
'ଅନ୍ନମୟ କୋଷ, କୋଷମୟ ଶରୀର'
ଅନ୍ନ ହିଁ ପରଂବ୍ରହ୍ମ
ଅନ୍ନ ହିଁ ମୂଳାଧାର, ସୁବିଶାଳ ବିଶ୍ୱବ୍ରହ୍ମାଣ୍ଡର... ।

■

କ୍ଷୁଧାସ୍ନାନ

ଦେହରେ ଗୈରିକ ବସ୍ତ୍ର
ହାତରେ ଭିକ୍ଷାଥାଳ
ବେକରେ ରୁଦ୍ରାକ୍ଷର ମାଳ
କପାଳରେ ଅଳିଭା ଚିତା
ଦୀପ୍ତିମନ୍ତ ଚେତନାର ।

ଈଶ୍ୱରଙ୍କ କେଉଁ ନିର୍ଦ୍ଦେଶରେ
ବୁଦ୍ଧବେଶୀ ଏ ଭୋଗ ତ୍ୟାଗର ଯାତ୍ରା,
ବୌଦ୍ଧିକତାର ଅନ୍ୱେଷଣ
ଶିକ୍ଷା, ଦୀକ୍ଷା, ସଂସ୍କାର ସଭ୍ୟତାର
ପୁଙ୍ଖାନୁପୁଙ୍ଖ ଅନୁଶୀଳନର
ଅହରହ ପ୍ରୟାସ,
ଗହନ ଗାନ୍ଧର୍ବ ସୁରାପାନ !
ବହୁବିଧ ରସରେ ପରିପୁଷ୍ଟ ହେବ ବୋଲି ଜୀବନ !
ସୁନ୍ଦର ହେବ ବୋଲି କି
ମନ, ହୃଦୟ, ଆତ୍ମାର ପରିପାଟୀ ।

ମଣିଷ ପରି ମଣିଷ ହେବାର
ଏ ଯେଉଁ ଲଳିତ କାମନା
ମନଘେନା, ହୃଦୟ ଘେନା ହେବାର
ଏ ଯେଉଁ ଶୁଦ୍ଧ ସଂକଳ୍ପ
ତା'ରି ଦାୟରେ ତ,
ସେ ପ୍ରେମ ଦେଇ ପ୍ରେମ ମାଗେ,
ପର ଆପଣାର ଭେଦ ଭୁଲି
ଆତ୍ମାକୁ ଆତ୍ମାରେ ଥାପେ
ଆପଣା ମଣେ ସୁଖ ଦୁଃଖକୁ ଆନର
ସତ ମଣେ, ସଭିଏଁ ନାହିଁ ତ ସେ ନାହିଁ
ସେ ନାହିଁ ତ କେହି ବି ନାହାନ୍ତି ।

ସ୍ଥୂଳ ନୁହେଁ ସୂକ୍ଷ୍ମଭାବର ଏ ଖାଦ୍ୟ
ସ୍ନେହ, ପ୍ରେମ ଆତ୍ମୀୟତାର ଭିକମଗା
ଦେହଠୁ ଅଧିକ ଜୀବନ ପାଇଁ
କ୍ଷୁଧାତୁର ସ୍ୱପ୍ନସ୍ନାନରେ ହିଁ
ଜୀବନ ଭୋକର ପ୍ରଶମନ
ଅନ୍ଧାରଠୁ ଅଧିକ ଆଲୋକର ପରିବ୍ୟାପ୍ତି
ନିତ୍ୟ ଉତ୍ତରଣର ଉନ୍ମୀଳିତ ପ୍ରାପ୍ତି ।

■

ସେ ଆସିଥିଲେ

ନିଉତା ନ ଥାଇ ସେ ଆସିଥିଲେ
ଗତକାଲି ରାତିରେ
ନିରବ ନିରାଡ଼ମ୍ବର ।

ପାଖକୁ ଆସି, ମଥା ଆଉଁଷି
ପିଠି ଥାପୁଡ଼ାଇ ପୁଛିଲେ
ଯାବତୀୟ ଅନ୍ତର୍ଦ୍ୱନ୍ଦ୍ୱ
ଆତ୍ମଦହନର ଗୁମର
ମୋର ଗୁମ୍‌ସୁମ୍ ପଣ, ପୀଡ଼ା, ପରାସ
ବିରସ ଭାବର ଅବିକଳ କାରଣ ।

କ୍ରମଶଃ ତୁହାକୁ ତୁହା ବତାସି ବାଆରେ
ଲିଭି ଆସୁଥିବା ଦୀପଶିଖା
ଫେରି ପାଇଲା କି ଜୀବନ... !
ଶ୍ଳେଷଭରା ତାଙ୍କ ଅମୃତ ଛୁଆଁରେ
ଶୁଷ୍କ ତରୁରେ ପଲ୍ଲବି ଉଠିଲା କି
ଛନଛନ କଅଁଳ ସାବ୍‌ଜା ପତ୍ର
ଅନ୍ଧାର ଘରେ ଝଟକି ଉଠିଲା,

ଉଦ୍‌ଭାସର ବୈଦ୍ୟୁତିକ ଫଲ୍‌ଗୁ
ଶିହରି ଉଠିଲା ସାରାଟା ଶରୀର... ।

ଗୋପନ ବୋଲି ଆଉ କିଛି ନଥିଲା
ମୋ ଭିତରେ ସେ ଥିଲେ,
ତାଙ୍କ ଭିତରେ ମୁଁ ।

ଖୋଲିଲା ବେଳକୁ ଆଖି
ଜମାଥିବା ଲୁହ ତକ ଧୋଇ ସାରିଥିଲେ
ପବିତ୍ର ପବିତ୍ର ତାଙ୍କ ଅଦୃଶ୍ୟ ଓଠ
ଅଦୃଶ୍ୟ ପଦଯୁଗଳ ।

ଦ୍ୟୁତିସ୍ମାନ୍ ତାଙ୍କ
ଅସୀମ ଧୀ, ପ୍ରଖର ପ୍ରଜ୍ଞା
ଜ୍ୱଳନ୍ତ ତେଜରେ
ତେଜୋବନ୍ତ ହେଉଥିଲି ମୁଁ
ଗୋଟାପଣେ ମୁହୁର୍ମୁହୁ

ଆଶା ଆଶ୍ୱାସନାର
ନିରବ ମନ୍ତ୍ରପାଠରେ
ମୃଦୁମନ୍ଦ ଝଙ୍କାର ତୋଳୁଥିଲା
ବନ୍ଦ କୋଠରିର ନିସ୍ତରଙ୍ଗ ଇଥର
ନିର୍ଦ୍ୱନ୍ଦ୍ୱ ମୁଁ ସଅଁପି ଚାଲିଥିଲି ନିଜକୁ
କେହି ଜଣେ ପ୍ରିୟତମ ବିକଳ୍ପଙ୍କ
ନିବିଡ଼ ଆଲିଙ୍ଗନରେ...
ଅକପଟ ହୃଦୟତା,
ଓଦା ଓଦା ଆପଣା ପଣରେ ।

ଅଦେହ, ଅରୂପ, ଅଣାକାର
ପରମ ଆତ୍ମୀୟ
ସେ ଆସିଥିଲେ
ଗତକାଲି ରାତିରେ
ବିନା ନିଉତାରେ ।

■

ଯୋଗଯାତ୍ରା

କାହାର ଯେ ଏ ଡାକ !
ଏକା ପାହୁଣ୍ଡରେ ଡେଇଁଛି ଲକ୍ଷ୍ମଣଗାର,
ପଛ କରି ଛାଡ଼ି ଆସିଛି କୃଷ୍ଣପକ୍ଷ,
ଛାଡ଼ି ଆସିଛି ରାଜଉଆସ
ବିଳାସ ବ୍ୟସନ, ଗଜଦନ୍ତ ପଲଙ୍କ
ଦାସଦାସୀ, ଭୃତ୍ୟ, ପରିହାରୀ
ବନ୍ଧୁବର୍ଗ, ପ୍ରିୟ ପରିଜନ
ଆଦର ସୋହାଗ, ସମ୍ଭୋଗ
ମାୟା ମମତାର ମୋହକ ଆମନ୍ତ୍ରଣ ।

ଜାଣେ,
କେହି ଅଦୃଶ୍ୟ ହାତର
ଫିଙ୍ଗା ଡୋରରେ ନଟୁହୋଇ
ଘୂରୁଛି ତ ଘୂରିବି
ଆବୋରି ନ ନବା ଯାଏଁ ଜଡ଼ତ୍ୱ ।

ଏବେ ମୁଁ ନିର୍ବିକାର, ନିର୍ଲୋଭ
ସଫେଦ ଆକାଶ ପରି ନିଃସ୍ତରଙ୍ଗ

ନିଡର, ନିଥର, ଅଟଳ ଅବିଚଳ
ବର୍ଷୀଆନ୍ ପାହାଡ଼ି ମୁଦ୍ରାରେ
ବିମୁଗ୍ଧ ପୂଜାରୀ ସ୍ଥିର ସିଦ୍ଧାନ୍ତର... ।

ଯେଉଁ ଆଲୋକପିଣ୍ଡର ଉର୍ଜା
ତିଆରିଛି ମୋ ବାଟ
ଜାଣେ, ତା'ର ସ୍ଥିତି
ମୋଠୁଁ ଯୋଜନ ଯୋଜନ ଦୂର ।

ବିସ୍ତୀର୍ଣ୍ଣ ମରୁମଟାଳ
ବ୍ୟାପ୍ତ ପରିବ୍ୟାପ୍ତ...
ମୁଁ ବିସ୍ମୃତ ବେଦୁଇନ୍,
ଏକା ଏକା ଯାଯାବର
ସଫେଦ୍ ଜହ୍ନରାତିର,
ଅନନ୍ତ, ଅସରା ଏ ଚଲାପଥ
କ୍ଷଣୁ କ୍ଷଣ ଦୃଶ୍ୟ ଦୃଶ୍ୟାନ୍ତର ।

କାହାର ଏ ଡାକ
କାହା ଡାକରେ କେଜାଣି
ଆଜି ମୁଁ ଏତେ ଅଧୀର, ଉଚ୍ଛନ
ଆଗମ କେଉଁ ପଦ୍ମବନର
ସଂସର୍ଗ ଆହ୍ଲାଦରେ
ନିଃସଙ୍ଗ ଏ ଯୋଗୀବେଶ
ନିରଳସ ଯୋଗଯାତ୍ରା ମୋର... ।

■

ବିଶ୍ୱବୋଧ

ବଡ଼ ଅସହଜ
ଦେଶର ମାନଚିତ୍ର ଆଙ୍କିବା
ଅବିକଳ ଆକୃତିର ।

ଏ ଯାଏଁ
କେବେହେଲେ ଆଙ୍କିହେଲାନି
ଦେଶର ସଠିକ୍ ମାନଚିତ୍ର
କୁଞ୍ଚ କୁଞ୍ଚ ସୀମା, ପରିସୀମାର
ଦ୍ୱନ୍ଦ୍ୱରେ, ନିର୍ଦ୍ଦିଷ୍ଟ ଏକ ଭୂଗୋଳରେ
ସୀମିତ ହେବା ଯେତିକି କାଠିକର ପାଠ,
ତହୁଁ ବଳି ଦୁଷ୍କର ।

ଗାଢ଼ ଅଗାଢ଼
ଲାଲ, ହରିତ୍, ଈଷତ୍ ଧୂସର ପରି
ନାନାଦି ରଙ୍ଗର ରଙ୍ଗଖେଳରେ
ରୂପଦେଲାବେଳକୁ ଦେଶର
ଥରୁଚି ହାତ, ହୃଦୟ
ଆତ୍ମଶୋଚନାରେ ବିଫଳ ହେଉଚି
ଅନୁପାତର ସୂକ୍ଷ୍ମ ଅନୁଧ୍ୟାନ ।

ଦେଶ ବୋଲି କହିବା କାହାକୁ !
ଶାସନ ଓ ଶୋଷଣର ସ୍ୱାର୍ଥାନ୍ଧ ପଦ୍ମତୋଳାରେ
ବୋଲର ହାକର ବଶୀଭୂତ ଏ
ଚେକାପକା କଳାନାଗ, ଧର୍ମ ଦ୍ୱାହିରେ
ଭେଦବିଭେଦର ଭୟାନକ କୃଷ୍ଣସର୍ପ !

ଦୃଶ୍ୟ ଅଦୃଶ୍ୟ
ଉଭୟ ବିଷ ଓ ଅମୃତର
ମିଶ୍ରିତ ମହାଭୋଗରେ ଅତିଷ୍ଟ ବିରୂପ
ପ୍ରତ୍ନତତ୍ତ୍ୱର ଏ ପ୍ରାମାଣିକ ପଦଚିହ୍ନ
ଇତିହାସର ଦୁଷ୍ଟ କଳେବର
ବିଭାଜିତ ଭୂ ରୂପର ସ୍ୱର ଓ ସ୍ୱରୂପ
କାଳକାଳାନ୍ତର ।

ଦେଶ ବୋଲି ଯେଉଁ
ଭୂଖଣ୍ଡକ ଆବୋରିଛି ମୋତେ
ଅନ୍ଧ ଦେଶଭକ୍ତର ସଂଜ୍ଞାରେ,
ପାଳୁଛି ଦେଶାତ୍ମବୋଧ
ସେଥିରୁ କ'ଣ ମୁକ୍ତି ନାହିଁ !
ମୁକ୍ତି ନାହିଁ ବିସ୍ତରିଯିବାକୁ
ସୀମାସରହଦ ଡେଇଁ ବିଶ୍ୱବ୍ୟାପୀ
ଶାନ୍ତି ମୈତ୍ରୀ ଭାଇଭାବର
ମନ୍ତ୍ରପାଠରେ ଉଚ୍ଚାରିବାକୁ
ବିଶ୍ୱାୟନର ଐକ୍ୟବୋଧ ବାର୍ତ୍ତା
'ବସୁଧୈବ କୁଟୁମ୍ବକମ୍ ।'

ମଣିଷ ମୁଁ
ଜାତି, ଧର୍ମ, ବର୍ଣ୍ଣ, ବିଦ୍ୱେଷ
ରକ୍ତମାଂସ, ସୀମା ସରହଦର
ଇଚ୍ଛାକୃତ ପ୍ରଭେଦରେ
ବିଭାଜନ ନୁହେଁ,
ଅନେକ ବନାମ ଏକ ହିଁ
ମୋର ନିର୍ବିବାଦୀୟ ପରିଚୟ
ବିଶ୍ୱାସ ଓ ବିଶ୍ୱାତ୍ମ ହିଁ,
ମୋ ମଣିଷ ଜନ୍ମର ମୂଲ୍ୟବୋଧ ।

ବନ୍ଦୀର ଆତ୍ମଲିପି

ମୁକ୍ତି ଚାହେଁ ମୁଁ
ବିମୁକ୍ତ ବାହାରିଯିବାକୁ ଚାହେଁ
ଏ ସୁନାରଙ୍ଗର ପଞ୍ଜୁରୀରୁ
ହୀରା, ନୀଳା, ମୋତି ମାଣିକ୍ୟର
ଏ ଆବଦ୍ଧ କୋଠରୀରୁ
କେହି ପକ୍ଷୀବାଲାର ଏ
ଜଣାଶୁଣା ଷଡ଼ଯନ୍ତ୍ରରୁ
ଅଦୃଶ୍ୟ ଅରମା ବନ୍ଦୀ ଜୀବନରୁ ।

ସରଳ କୋମଳ ଦେହ
ଦେହୋତ୍ତର ଏ ରଙ୍ଗ ରୂପ
ଲାଲରଙ୍ଗର ଲୋଭିଲା ଥଣ୍ଟ
ଚକା ଚକା ଆଖିଡ଼ୋଳା
ସାରାଟା ଶରୀରର ମୁଲାୟମ୍
ଏ ସବୁଜ ପରର ଛାଉଣି
ମିଠାମିଠା ମନଜିଣା
ବଶମ୍ବଦ ମୋ କଥାକୁହା
କାହାକୁ ବା ଆପଣାର ନ ଲାଗିବ

ନିଶ୍ଚିନ୍ତ ନିର୍ଦ୍ୱନ୍ଦ୍ୱ ସ୍ୱାଧୀନତାର ମୂଳକରେ
ମନଭରି ଭୋଗିବାକୁ
ପେଟପୂରା ପାଳିବାକୁ ସୌଖୀନ୍ ଆଗ୍ରହ
ମୁକ୍ତିଦାତା କିଏ ସେହି ପରମ ଗ୍ରାହକ
ଯାହା ଅପେକ୍ଷାରେ ମୁଁ ଆଜନ୍ମ
କରସ୍ପର୍ଶରେ କା'ର
ଛିନ୍ନହେବ ଏ ପରାଧୀନତାର ଶୃଙ୍ଖଳ ।

ଆକାରାବଦ୍ଧ ପଞ୍ଜୁରି ନୁହଁ
ଆକାଶର ଅନ୍ତହୀନ ବ୍ୟାପ୍ତି ହିଁ ମୋର ପ୍ରାପ୍ୟ
କେହିଜଣେ ମୋତେ ଦେଖାଇଦିଅ
ପଞ୍ଜୁରି ଦେହର ଗୁପ୍ତ ମୁକ୍ତିଦ୍ୱାର
ଆଜନ୍ମ ସଂଚିଥିବା ସ୍ୱପ୍ନର ସାକାର ପାଇଁ
ଖଞ୍ଜିଦିଅ ବଳ, କଳ, କଉଶଳ
ଅନ୍ଧାର ନୁହଁ, ପରିବ୍ୟାପ୍ତ ଚେତନାର
ଚିତ୍ରକର ମୁଁ, ଆଲୋକ ପଥର ଯାତ୍ରୀ
ମୁଁ ମୁକ୍ତି ଋହେଁ, ଋଖି ଚଖେଇବାକୁ ଋହେଁ
ଚନ୍ଦ୍ରାଲୋକର ସ୍ୱାଦ... ।

ଆତ୍ମଲୀନ ବିଷାଦ ନୁହେଁ,
ଅସୀମତାର ଆହ୍ଲାଦ ଋହେଁ,
ଋହେଁ ମହାମୁକ୍ତିର ଅତୁଲ୍ୟ ଆନନ୍ଦ ।

■

ମଶାଣି

ପୋଡ଼ା ମନ, ପୋଡ଼ା ହୃଦୟ
ପୋଡ଼ା ଆବେଗର ପାଉଁଶ ମାଖି
ସାଜି ହୋଇଥାଏ ମଶାଣିର ଅଗଣା ।

ନିତିଜଳା, ନିତିପୋଡ଼ା ପାଖୁଡ଼ାରେ
କେଉଁ ସୁବାସ ବା ବିତରିବ
ଦରମଲା ମଶାଣି ଫୁଲ ।

ଭଙ୍ଗା ହାଣ୍ଡିମାଠିଆ
ଛିଣ୍ଡା ଭଙ୍ଗା ଖଟ, ଦରଚିରା କନ୍ଥାପଟିଆ
ଅନିଶ୍ଚିତ ଜୀବନର କଟୁ କୋଲାଜ୍‌ରେ
ସାଜି ହୋଇଥିବା ଭୂଚିତ୍ର
ସୌନ୍ଦର୍ଯ୍ୟର କେଉଁ ସୀମା, ସରହଦକୁ
ବା ଛୁଇଁବ ?

ନିତ୍ୟ ସତ୍ୟ
ଏକ ମହାଜାଗତିକ ସତ୍ତାର
ନିରବ ସମର୍ଥକ
ରାମ ନାମ୍ ସତ୍ୟ ହେ
ହରି ନାମ୍ ସତ୍ୟ ହେ'ର

ନିରନ୍ତର ଉଦ୍‌ଘୋଷକ ମଶାଣି,
ସେ ମୂକ ସାକ୍ଷୀ ଜୀବନଚକ୍ରର
ଦିନ ଅଦିନ ପୂର୍ଣ୍ଣଚ୍ଛେଦର ।

ଆଖିଝରା ଲୁହ
ହଣାଖିଆ ହୃଦୟର ପୀଡ଼ା
ଦିବଂଗତଙ୍କୁ ଆଜୀବନ ଯାଚିଦେଇଥିଲା
ସ୍ମୃତିସିକ୍ତ ସୁଖଦୁଃଖର ସମୟକୁ ସମ୍ବଳ କରି
ଚିର ଉଦାସ ମଶାଣିର ମନ
ବିଷମ ବିବର୍ଣ୍ଣ ତା'ଧୂଳି ଧୂସରିତ ଦେହ ।

କେବେ କୁହୁଡ଼ି ହୋଇ
କେବେ ମୋତି ହୋଇ ଭୋର୍ ସକାଳର
ମଶାଣି ଛାତିରେ ସବାର ହୋଇଥାନ୍ତି
ବର୍ଷ ବର୍ଷାନ୍ତର, ତମାମ୍ ଜୀବନର ସଂଚିତ ଲୁହ ବୁନ୍ଦା
ଯାହା ସବୁବେଳେ ନିଅଣ୍ଟ
ମଶାଣିର ଶୋଷକୁ... ।

ମଶାଣି
ଜୀବନ ସଂହିତାର ଶେଷ ପରିଚ୍ଛେଦ,
ସ୍ୱର୍ଗଯାତ୍ରାକୁ ସ୍ୱାଗତ ତୋରଣ,
ମଶାଣି, ଅଶ୍ଳୀଳ ମେଲାଣିର ମୂକସାକ୍ଷୀ
ମୃତ୍ୟୁ ଆଉ ମୃତକର ମୂକ ତପୋବନ ।

■

ଭସାଣି

ଅର୍ଚ୍ଚନା ଉତ୍ତାରେ
ସବୁତକ ମାୟା ମୋହ
ଆଗ୍ରହ ଆକର୍ଷଣକୁ ଗୌଣ କରି
ଓଦାମୁଦା ଆଖି, ନିଃସ୍ୱ ହୃଦୟରେ
ତୁମକୁ ଭସେଇ ଦେଇ ଆସେ
ଶୋକସନ୍ତପ୍ତ ।

ଜଳଶାୟୀ, ତୁମେ ମିଳଉଥାଅ
ବିନା ପ୍ରତିବାଦରେ ।

ଜଳ ସମାଧିରେ ହାରୁଥାଅ
ତମ ରୂପ, ରଙ୍ଗ, ଔଜ୍ଜଲ୍ୟ
କ୍ରମେ କ୍ରମେ କ୍ଷତାକ୍ତ ତେଜ, ଓଜଃ
ଶୌର୍ଯ୍ୟ, ଲାଳିତ୍ୟର ନିଃସହାୟ ନିମଜ୍ଜନରେ
ବେଲୁବେଲ ବିକଳାଙ୍ଗ ଦିଶୁଥାଏ
ତମ ପେଟ, ପିଠି, ଅଣ୍ଟା, ଓଠ
ବାହୁ ବେକ ଜାନୁ ଜଘନର
ଭବ୍ୟ ଅବୟବ
ପଳ ପଳ ମାଟିମାଂସ
ମୃଦୁମୃଦୁ ମିଶୁଥାଏ
ଉଦାର ଜଳ ଉଦଧିରେ... ।

ଆଖି ସାମ୍ନାରୁ ହଟୁଥାଏ
ପରସ୍ତ ପରସ୍ତ ପର୍ଦ୍ଦା ।

ଜଗତ୍ ମିଥ୍ୟା, ବ୍ରହ୍ମ ସତ୍ୟ ଭଳି
ବାହ୍ୟବେଶ ଯେ ମିଛର ଖୋଳପା
ତା' ତମ ବାଉଁଶ ନଡ଼ା ଓ
ସରୁ ସରୁ ଝୋଟସୂତାର
ନଗ୍ନଜୀର୍ଣ୍ଣ କଙ୍କାଳ
ପରଚେ କରାଉଥାଏ ବେସାଲିସ୍ ଢ଼ଙ୍ଗରେ ।

ସତ୍ୟର ଆବିଷ୍କାର ପାଇଁ
ମିଛ ସହ ମୁହାଁମୁହିଁ ବେଶ୍ ରୋମାଞ୍ଚକର ।

ଗୋଟି ଗୋଟି ଅନ୍ଧାର ଘରର
ଏରୁଣ୍ଡି ଡିଆଁ ପରେ

ସ୍ପଷ୍ଟ ଦିଶୁଥାଏ ଅଦୂର ଅନ୍ତଃପୁରର
ଜ୍ୱାଳାମୁଖୀ ମଶାଲ
ଅନ୍ଧାରଭେଦୀ ଚିରନ୍ତନ ସତ୍ୟର ।

ସତ୍ୟ ଉନ୍ମୋଚନର
ସିଦ୍ଧ ସାରଣୀ
ପ୍ରୟୋଗ ପ୍ରକ୍ରିୟା ଏ ଭସାଣି
ଚଳନ୍ତି ଜୀବନର
କଠୋର ଦୁସ୍ତର ଅକାଟ୍ୟ ଆଲେଖ୍ୟ
ଅପ୍ରିୟ ଉପସଂହାରର ଦକ୍ଷ ଲିପିକାର ।

ଭସାଣି
ମଞ୍ଚ ନାଟକର
ଶେଷ ଦୃଶ୍ୟର ଉପଲବ୍ଧି
ଯବନିକା ପତନ ପରର
ଅଙ୍ଗେନିଭା ଶ୍ୱାସରୋକା ନିର୍ଯାସ
ଘରବାହୁଡ଼ା କେଉଁ
ସତ୍ୟାନୁସନ୍ଧାନୀ ଦର୍ଶକର
ସାଉଁଟା ସାଇତା
ଛାତିଭର୍ତ୍ତି ସାରାଂଶ ।

ଭସାଣି
ଆତ୍ମୀୟଜନର
ଦଗ୍ଧ ଦୁଃଖଦ ମେଲାଣି
ପ୍ରତିଦାନରେ ଯା'
ଭେଟି ଦେଉଥାଏ
ଜୀବନ ଦର୍ଶନର ସଂଗୁପ୍ତ ଇତିବୃତ୍ତ ।

■

ପୁଷ୍ପାୟନ

ଶୃଙ୍ଖଳା ଓ ଅନୁଶାସନର
ସିଞ୍ଚାଜଳରେ ଆସ ଶୁଦ୍ଧ କରିବା
ମନମୁନ ଚୈତନ୍ୟ
ଛାତିରୁ ଓହ୍ଲାଇଦେବା ଅହଂକାରର ବୋଝ
ମନର କୋହ, ଆଖିର ଲୁହ
ହୃଦୟର ଦୁଶା ଅଦୁଶା
ଆଞ୍ଚୁଡ଼ାଦାଗ ପାଶୋରି
ସଙ୍ଗୋଳି ନେବା ମଣିଷକୁ ମଣିଷପଣରେ
ଏକା ରକ୍ତ, ଏକା ପାଣି
ଏକା ପବନ, ଏକା ଭୂଇଁର
ବିସ୍ତାରରେ ସାରା ପୃଥିବୀର
ପୁଣି କି ଭେଦ ବିଗ୍ରହର,
ଏକାତ୍ମପଣର ଅବିର ମାଖିବା ପରେ
ସେ ପୁଣି କେଉଁ ଜାତିର କି ରଙ୍ଗର
ହେବ କାହିଁକି ଯେ,
ତା' ଉଦାର ବ୍ୟାପ୍ତି ବିସ୍ତୃତିକୁ
ଖଣ୍ଡିତ କରି ଗଢ଼ିବା
ସୀମା ସରହଦର ଆକାର ପ୍ରକାର,
ଦେଶ ବିଦେଶ !

ଧର୍ମ ଅଧର୍ମ, ଜାତିବର୍ଣ୍ଣ
ଭେଦ ବିଭେଦର ସଂଜ୍ଞା ନିରୂପଣରେ
ସ୍ୱାଧୀନତାକୁ ସଅଁପି
ସଂକୀର୍ଣ୍ଣତାର ଅଣଓସାରୀ ମଞ୍ଚରେ
କାହିଁକି ପରଖିବା ବୋମା, କମାଣ
ଦଙ୍ଗାଗୋଳ, ମାଂସାଶୀ ମିଜାଜ୍
ସ୍ୱାର୍ଥାନ୍ୱେଷୀ ମଣିଷାସୁରର ପ୍ରବୃତ୍ତି
ଲୋଭଲାଳସା, ହିଂସୁକ ଆଚାର ବିଚାର
ଅସହିଷ୍ଣୁତାର ତପ୍ତତେଜ ଶୋଣିତ ।

କପଟ କି ସଂକୀର୍ଣ୍ଣତା ନୁହଁ
ଅଦୃଶ୍ୟ ଏ ପରାଧୀନତାର ବେଢ଼ିପିନ୍ଧି
ଲୋକଦେଖା ସ୍ୱାଧୀନତାର ନୁହେଁ
ଉଜ୍ଜ୍ୱଳ ଲହଲହ ଏ ପ୍ରତୀକ ପତାକା
ମାନବତାର ମନ୍ତ୍ରଗାନ ହିଁ କରୁ ।

ଦେଶବୋଧର ଏ ସଲାମି
ନ ହେଉ ପରାଧୀନତାର ଗୋଲାମି
ବିଭାଜନ ନୁହଁ, ବିମୁଗ୍ଧ ଐକତାନରେ
ବିଭୂଷିତ ହେଉ କୋଟି କୁଟୁମ୍ବର ଏ ବସୁଧା
ଶାନ୍ତି ସଂହତି, ପ୍ରେମ, ପ୍ରୀତିର ଉଚ୍ଛଳ ପ୍ରବାହରେ
ପୁନଃ ପଲ୍ଲବିତ ହେଉ ବିଦଗ୍ଧ ପୃଥିବୀ
ସଂଗୁପ୍ତ ସ୍ୱାର୍ଥସିଦ୍ଧିର ଉର୍ଦ୍ଧ୍ୱରେ
ନିରଙ୍କୁଶ ପୁଷ୍ପିତ ହେଉ
ବିଶ୍ୱର ବିପୁଳାୟତନ ବପୁ ।

ଉତ୍ତୀର୍ଣ୍ଣ ଈଶ୍ୱର

ଯୋଗୀ ହିଁ ଜାଣେ,
ଜୁକ୍ ଜୁକ୍ ପାଉଁଶ ତଳ
'ନିଆଁ' ଲିଭାଇବାର କଳା
ନିର୍ଲିପ୍ତପଣର ଅନ୍ତଃଭେଦ ।

ଯୋଗୀ ହିଁ ଜାଣେ,
ମାୟାବୀ ଦେବୀର ଅସଲି ପରିଚୟ
ତା' ଦେହବିଦେହର
ଅସଲି ସ୍ୱରୂପ,
ସେ ଅଗ୍ନିଗର୍ଭା ନା ପୁଷ୍ପିତା !

ମିଛସତର ଦୋ' ଛକିରେ
ଯୋଗୀ ହିଁ ଜାଣେ
ସତ୍ୟର ପରିପାଟୀ,
ଜୀବନ ଜୀଇଁବାର
ଅସଲି ଗତିପଥ
କେତେ ଯେ ଅନୁପାତି ?
ମସୃଣ ଓ ବନ୍ଧୁରତାର ଏ ମିଶ୍ରିତ ସ୍ଥାପତ୍ୟ ।

ଆରୋହ ଅବରୋହର
ଧ୍ୱନି, ତାଳ, ଲୟ,
ଜୀବନ ସଂଗୀତରେ ପୀଡ଼ା ପରାସ,
ଆନନ୍ଦ ଉଲ୍ଲାସର ଛନ୍ଦ ବିଛନ୍ଦ ।

ରକ୍ତ, ହାଡ଼, ମାଂସ
ଲୁହ, ଭୋକ, ଶୋଷ
ଆଶା ଅନୁରାଗର
ସୂକ୍ଷ୍ମ ଭାସ୍କର୍ଯ୍ୟରେ କେତେ ପ୍ରାଣବନ୍ତ
ସୁଠାମ, ସୁନ୍ଦର ଏ ଜୀବନ ମନ୍ଦିର ।
ଶୂନ୍ୟତା ଓ ପୂର୍ଣ୍ଣତାରେ
ଜୀବନ ହିଁ ପ୍ରେମ ଆଉ ବିଶ୍ୱାସର
ଜୀବନ୍ତ ପ୍ରବାହ...
ନଗ୍ନ ଅନୁଭବର ଅକ୍ଷତ ଐଶ୍ୱର୍ଯ୍ୟ ।

ଯୋଗୀ ହିଁ ପରମ ଭୋଗୀ
ଯୋଗୀ ହିଁ ପରମ ତ୍ୟାଗୀ
ଭୋଗ ତ୍ୟାଗର ଊର୍ଦ୍ଧ୍ୱରେ
ଯୋଗୀ ହିଁ ପରମ ପ୍ରେମିକ
ଶାନ୍ତ ସୌମ୍ୟ, ଦ୍ୱନ୍ଦ୍ୱସିଦ୍ଧ
ଉତ୍ତୀର୍ଣ୍ଣ ଈଶ୍ୱର... ।

ସଦା ବିଜୟୀ ରବି ସିଂ

କେହି ଜଣେ ଅଲକ୍ଷ୍ୟରେ
ଧରାଇ ଦେଇଯାଇଛି ମଶାଲ
ମଶାଲ ଭିତରେ ଦିଶୁଛି କାହାର ଏ
ଅଗ୍ନିଗର୍ଭା ମୁହଁ, ଲାଲ୍ ଜରଜର ।

କିଏ, କିଏ ସେ
ତୋଳିଛି ମେଘରୁ ବଜ୍ର
କଣ୍ଠରେ ସାଜିଛି ଝଡ଼ର ଝଙ୍କାର
ପଥପ୍ରାନ୍ତର ବାସ୍ତବ କଠୋର ସ୍ୱର,
କଲମ ମୂନରେ ରକତ ଝାଳର ଲେଖ
କାହାର ଏ ଲମ୍ଫ ପ୍ରତିବାଦର, ପ୍ରତିବାଦର
ବିପକ୍ଷରେ ଅସମତା ଆଉ ଅବିଚାରର... ।

କିଏ ସେ ଦୁର୍ବାର ତୋଫାନ ! !

ସେ କେଉଁ ଅପୂରଣ ଅବସୋସର
ଘନୀଭୂତ ରୂପ ! !
କ୍ଷଣ କ୍ଷଣ ପାଉଁଶରୁ ନିଆଁ
ପୁଣି ନିଆଁରୁ ପାଉଁଶ ! !
ସନ୍ତ୍ରାସ ଆଉ ଭୟର ଦୁଷ୍ଟଗ୍ରହ
କେବେ ସ୍ୱେଚ୍ଛାଚାର, କେବେ ଅବିଚାର

ବିପକ୍ଷବାଦୀର ତପ୍ତ ଆଗ୍ନେୟ ସ୍ୱର
ବେସାଲିସ୍ ପୋଡ଼ା ପାଣ୍ଡୁର ଟୀକା
ନିଡ଼ର ଜୀବନ ଯୋଦ୍ଧାର ! !

କିଏ ସେ, ବିଦ୍ରୋହୀ ବୁଦ୍ଧିଜୀବୀ
ସାଉଁଟା ସ୍ୱରର ମାଲିକ
କୁଲି, ଖଟିଖିଆ, ଭୋକିଲା, ଭିକାରୀ
ଶିଶୁ କି ଲୁଣ୍ଠିତା ନାରୀ, ସର୍ବହରାର ସାହା !
ବାମ ଚେତନାର ପ୍ରମୁଖ ପକ୍ଷଧର ! !

କିଏ ସେ ଅଗ୍ନିପୁରୁଷ !
ଏକଇ ପ୍ରାଣେ ତା'ସଞ୍ଚିଥିଲା
ମଧୁକଷାୟ ବିଷ ଓ ପୀୟୂଷ ଅସ୍ତିନାସ୍ତିର
କେଉଁ ଜାତକରେ ସମ୍ଭୂତ ସୂର୍ଯ୍ୟ ସେ
ଲାଲ୍ ଟକ୍‌ମକ୍ ଅନ୍ତରେ ଭରା ବିଷାଦ ଓ ହର୍ଷ
ରୌଦ୍ର ଶାନ୍ତ ଶରୀରେ ଯାହାର
କୋଟି ଜନତାର ପୀଡ଼ା !
କୋଟିଏ ଆଖିର ଲୁହ !

କିଏ, କିଏ ସେ ! ବିପ୍ଳବୀ ସମ୍ରାଟ
କପାଳେ ଯାହାର ଗୁଳି ଗୋଲାପର ମୁକୁଟ
ଲଲାଟେ ଲେଖା ଯା' ତ୍ୟାଗ ତର୍ପଣର ଗୀତା ।

ସେ କି ସଦାବିଜୟୀ ରବି ସିଂ
ସାହିତ୍ୟାକାଶର ଅକ୍ଷୟ ନକ୍ଷତ୍ର
ଅଭୁଲା ଅଲିଭା ଆଗ୍ନେୟ ଆହ୍ୱାନ
ବିରାମବିହୀନ, ନିତ୍ୟ ବିପ୍ଳବର ବିଗୁଲ୍ ବାଦକ
ଅବହେଳିତର କାଳକାଳକର ସଖା ! !

■

ବନ୍ଧୁଭେଟ

ଏବେ କେବେକେବେ
କ୍ୱଚିତ୍ କାଁ ଭାଁ ଦେଖାହୁଏ
ତମ ସହ, ତମେ ପ୍ରାୟ ସମୟ
ଗୁମ୍‌ସୁମ୍ ବସିଥାଅ ମନମାରି ।

ଭଲମନ୍ଦ ପୁଛା କରିବା ଆଗରୁ
ତମ ମନକଥା ଜାଣି ହେଉଥାଏ
ତମେ ସୁଖୀ ନାହଁ
କିଛି ଯେମିତି ହଜିଯାଇଚି
ଫେରିପାଇବ ନ ପାଇବ
ସନ୍ଦିହାନ ଆଗକୁ... ।

ଆଲୋକ ନୁହଁ, ବାଧବାଧକତାରେ
ପାଳୁଚ ଅନ୍ଧାର, ବନ୍ଦ କୋଠରିରେ
ବସିଚ ଏକା ମନବାନ୍ଧି ।

ତମେ ଆଉ ତମେ ହେଇନାହିଁ ।

କେଇ ବର୍ଷ ତଳର ତମର ସେ
ରୂପକାନ୍ତି, ପ୍ରାଣଶକ୍ତି ଆଉ ଊର୍ଜାରେ
ଭରପୂର ଉଡ଼ାଣଖୋର ଡେଣାହଲକ

କାହାର ଦାସତ୍ୱ ସ୍ୱୀକାରିଛି ଯେମିତି...
ଅପ୍ରାପ୍ତି ଓ ଅସନ୍ତୋଷର
ଅଗ୍ନିଚରା ବନସ୍ତରେ
ବସିଚ ଯେମିତି ବିରସିଆ ବାଲ୍ମୀକି
ଦଦରା ଦରହେଜା
ମାଟି ସପନର ଶେଯରେ... ।

କଉ କଥାକୁ ଏତେ ଭାଳେଣି !
ବିରସ, ଉଦାସ ତମର ଏ ମୂକ ମୌନପଣ !

ସତ... ସତ... ସତ... ।
ଶୋଇଲା ସୂରୁଜ ଚେଇଁବ ଦିନେ
ସିନ୍ଦୂରା ଫଟାଇ ଦୂର ଗଗନେ ।

ପୁଣିଥରେ ଫେରିବ ମୌସୁମୀ
ନଈ ଛାତିରେ ନାଚିବ ନୌକା ।
ସପନ ମାଟିରେ ଗଜୁରିବ ଗଜା
ମୁକୁଟ, କୃପାଣ, ଢାଲ ସାଞ୍ଜୁରେ
ବନ୍ଧୁ ମୋ ସାଜିବେ ଯୋଦ୍ଧା
ଚକ୍ରବର୍ତ୍ତୀ ସମ୍ରାଟ...
ଆଳସ୍ୟ ଅନାଗ୍ରହକୁ ପ୍ରତିହତ କରି
ପୁଞ୍ଜିଭୂତ ଯେତେକ ଦାନା ଦାନା
ବିଦ୍ରୋହ, ବ୍ୟଞ୍ଜନା, ଅସନ୍ତୋଷ
ଫୁଟିବେ ବୋମା ହୋଇ
ଫୁଟିବେ ଫୁଲ ହୋଇ
ତରଳ କୋମଳ ଭାବଭୂମିରେ
ଶତଶତ ସୂକ୍ଷ୍ମ ସଂକେତର ସହବାସ
ନୀଡ଼ର ପରାଗ ସଂଗମରେ... ।

■

ଯେତିକି ଜାଣିଚି

ଚେନାଏ ଆଲୋକର ଅନ୍ୱେଷଣରେ
ପିଠି କରି ଆଇଚୁ ଘନଘୋର ଅମାର ଘର
ପଣ, ଛାତିରେ ସାଇତିବୁ
ଆକାଶ ପରି ବିସ୍ତରି ଯିବାର କଳା
ଝରଣାର ଝର୍ଝର କି
ନଈର କଳକଳ କାକଳି
ମେଘ ପହଁରାର
ମୋହନ କଳା କୌଶଳରେ
ଜହ୍ନରାତିର ଜହର ପିଇ
ସାଜିବୁ ଅଜର, ଅମର
ଦଗ୍ଧସିଦ୍ଧ ସଫେଦ ଚିରକୁମାର... ।

ସମୁଦ୍ର ସମୁଦ୍ର ସଂତାପ
ଦୁଃଖର ଦହନାଗ୍ନି
ଥମୁ ନ ଥିବା ଅଦିନ ଝଡ଼ର ଆଲିଙ୍ଗନକୁ
ଅସ୍ୱୀକାର କରି ଚଢ଼ିବୁ
ମନୁଆ ଅଶ୍ୱଯାନ
ଦାଉଦାଉ ପ୍ରେମଚିତା ନାଇ
ପୁଷ୍ପିତ କଦମ୍ବ ବଣରେ ସାଧିବୁ

ଭୋଳା ଭଅଁରର ଘୁଁ ଘୁଁ ଗୀତ
ପରଖିବୁ ଶତସହସ୍ର ହୃଦୟ ହ୍ରଦ
ଅସରନ୍ତି ଶୋକ ସରହଦ... ।

ଯୋଗୀ ଚରିତ

ସତ୍ୟର ଚିରନ୍ତନ ମଶାଲ
ପ୍ରାଣଦାତା ସୂର୍ଯ୍ୟଦେବଙ୍କୁ ସନ୍ଦର୍ଶନ
ଓ ପ୍ରଣାମି ହେବାର ଯୋଗରାଗରେ ବି
ବେଳ ଅବେଳ ଦୃଶ୍ୟ ହୁଏ
ନଷ୍ଟ ସତ୍ତା, ନଷ୍ଟ ଆବେଗର ଚିତ୍ରରୂପ
ବିଦଗ୍ଧ ବିଘଟନ,
ଉଜାଣି ସୁଅରେ ଉର୍ମିଳ ହୁଏ
ପ୍ରଖର ସ୍ମୃତିର ନଦୀ,
ଅତୀତର ନଗ୍ନ ଅବୟବ,
ସ୍ପଷ୍ଟରୁ ସ୍ପଷ୍ଟତର ହୋଇଉଠେ
ଆଲୋଡ଼ନର ଦିବ୍ୟ ଅନୁଭବ ।

ଯାବତୀୟ ଇଚ୍ଛା ଅନିଚ୍ଛାର କବର ପରେ
ନିଜକୁ ନିଜର ପ୍ରଶ୍ନ, ସେ ଏବେ କୋଉଠି !
ମଲା ଜହ୍ନର ମଶାଣିରେ ନା
ମହମହ ଗହଗହ କଦମ୍ବ କାନନରେ
ପାଳଭୂତ ହେଇ ଜଗିଛି କାହାକୁ
କ୍ଷତ ବିକ୍ଷତ ସ୍ୱପ୍ନର ପଟାଳି

ନା' ଆବାହିକାର ଅକ୍ଷତ ଅଙ୍କୁର... !
ପୁଷ୍ପିଳ ଛାତିତଳ ହୃଦ କନ୍ଦରରେ
ଆଜି ବି ଚମକୁଛି
କାହାର ଏ ରକ୍ତରଙ୍ଗା ଛବି... !
କେଉଁ ପାପର ପ୍ରାୟଶ୍ଚିତରେ ତା'
ବାନପ୍ରସ୍ଥ ଜୀବନାଚ୍ଚର... ! !
ଘନଘୋର ଅଗନାଅଗନି
ଉତ୍ତପ୍ତ ନିଃଶ୍ୱାସ ବଣରେ କା'ର
ତା'ର ଏ ବୁଲାଚଲା,
ମୃଦୁମନ୍ଦ ପଦଚ୍ଚରଣ... !

ପ୍ରେମପରାଗର ମହାଫାଶରେ
କରାୟତ୍ତ ଉତ୍‌କ୍ଷିପ୍ତ ଫୁଲଶର
ଅଦ୍ଭୁତ ଉତ୍ତରଣରେ
ହସ ହସ ସୌମ୍ୟକାନ୍ତ କମଳକୁମାର... ।

ଯୋଗୀର ଉତ୍ତୀର୍ଣ୍ଣ ଉଆସରେ
ଚିର ବସନ୍ତର ଆସର
ସଂଗୀତାବେଗ ଓ
ମୋହନ ବଂଶୀର ଉପଚ୍ଚର
ଅନୁଭବର ଶ୍ୟାମଳ ସଂଚରଣ ।

ସେ ଅନୁରାଗର ଈଶ୍ୱର
ନିତି କାକରରେ ମୁହଁ ଧୋଉଥିବା
ଅସ୍ତାଚଳର କୃତକୃତ୍ୟ ନକ୍ଷତ୍ର
ପଥର ତଳର ମୁଣ୍ଡଟେକା ଦୁବଘାସ
ଉପଲବ୍ଧି ହିଁ ତା' ଜୀବନ ଯଜ୍ଞରେ

ସଜଳାନୁଭୂତିର ପ୍ରାପ୍ତି
ବିସ୍ତୃତ ବିଶାଳ ପାର୍ଥିବ ମଞ୍ଚରେ
ସନ୍ନ୍ୟାସ ଆଭରଣରେ ସେ
ପରିଚୟ ଊର୍ଦ୍ଧ୍ୱ
ନିର୍ଲିପ୍ତ, ନିର୍ବିକାର ଯୋଗୀବର ।

■

ଡେଣା

ସ୍ୱପ୍ନାୟିତ ପ୍ରଜାପତି
ଉଡ଼ାଣମୁଖା ପକ୍ଷୀ
ସେଇ ଡେଣା ହଳକର ହିଁ ଆଶ୍ରିତ ।

ଡେଣାରେ ଖଚିତ
ଆକାଶି ତାରାର ଚମକ
ଅସରନ୍ତି ଜିଦ୍ ଆଉ ଅଝଟପଣର
ଅସମାପ୍ତ ଆକୁଳ ଆଲେଖ୍ୟ
ଡେଣାରେ ସାଇତା,
ସ୍ୱପ୍ନ ଯେତେ ଶିଖର ଛୁଇଁବାର ।

କେଉଁ ଏକ ଇପ୍‌ସିତ ଆକାଂକ୍ଷାର
ଆୟୁଷ୍ମାନ୍ ପ୍ରାପ୍ତି ପାଇଁ
କେଉଁ ଏକ ଭବ୍ୟ ଅନୁଭବର
ଆହ୍ଲାଦକ ସ୍ୱାଦାନୁସନ୍ଧାନରେ
ଏ ଡେଣା ହଳକର ତିଆରି
କୁଶଳ କାରିଗରି
ଉଜ୍ଜ୍ୱଳ ଉପଯୋଗର କଳ୍ପାୟନ ।

ମେଘମନା ସ୍ୱପ୍ନ,
ସ୍ୱପ୍ନମନା ପକ୍ଷୀ,
ରେଣୁ ରେଣୁ କୋମଳ କାମନାର
ସଶକ୍ତ ଅନୁବନ୍ଧନ ଦୁଇଡେଣା,
ଡେଣାସାରା ପରସ୍ତ ପରସ୍ତ ପ୍ରତ୍ୟୟର ପର
ପରସାରା ଉତ୍କର୍ଷତାର
ସଂଗୁପ୍ତ ସ୍ୱାକ୍ଷର... ।

ପକ୍ଷୀ ଆଖିରେ ଇନ୍ଦ୍ରଧନୁର ସଜଳ ବର୍ଣ୍ଣାୟନ
ପକ୍ଷୀ ଛାତିରେ ଉଦ୍‌ବେଳିତ ସିନ୍ଧୁଏ ସାହସ
ପକ୍ଷୀ ପରରେ ଆକାଶେ ବିଶ୍ୱାସର ପରିବ୍ୟାପ୍ତି
ଭୂମିରୁ ଭୂମାକୁ ଖେଦିଯିବାର, ଭେଦିଯିବାର
ଲଳିତ କାମନା, କୋମଳ ରୂପାୟନ
ଆବର ଅବୟବ ପକ୍ଷୀର
ଆତ୍ମୀୟ ଆଗ୍ରହର ଅମାର ।

ପକ୍ଷୀଡେଣା ହିଁ
ସାଧିପାରେ ସ୍ୱପ୍ନାୟନର ବାସ୍ତବତା
ପକ୍ଷୀଡେଣା ହିଁ
ଚଖାଇପାରେ ଚନ୍ଦ୍ରାଲୋକର ସ୍ୱାଦ... ।
ପକ୍ଷୀ, ନିରୀହ ଉଡ଼ାଣର ସାନ୍ଦ୍ରରୂପ ।

■

ଆ କା ମା ବୈ

କେହି ଜଣେ ଡାକୁଛି ବୋଲି ତ
ଏତେ ସବୁ ଉପଚ୍ଚର
ଜପତପର ଆଚରଣ
ପୂଣ୍ୟ ସାଉଁଟିବାର ପ୍ରାବଧାନ
ମୂହୁର୍ମୁହୁ ଆତ୍ମାଭିଷେକର ଆୟୋଜନ... ।

ଆଜି ଯେଉଁ
ଦୀପଟି ଜାଳିଲି ଯତନରେ
ଅପସରି ଯାଉ ବୋଲି ଅନ୍ଧାର
କଳଙ୍କର କାଳିମା
ଆହୁରି ଫର୍ଚ୍ଛା ଦିଶୁ ବୋଲି ଚିଦାକାଶ
ବଡ଼ ବଡୁଆଙ୍କ ମୁହଁ
ପୂର୍ବସୂରୀ, ପୂର୍ବପୁରୁଷଙ୍କ
କୃତି, କୀର୍ତ୍ତି, ଗୁଣ, ଗାରିମା
ଦୀକ୍ଷା, ଦର୍ଶନର ଅଦ୍ୱିତୀୟ ରୂପଭେକ
ସେ ଦୀପଟି ଜଳୁଥାଉ ସବୁଦିନ
କେବେ ବି ନ ଲିଭୁ ଅପସଂସ୍କାରର
ଅବେଳ, ଅଦିନ ତୋଫାନୀ ବତାସରେ

ସ୍ପଷ୍ଟରୁ ସ୍ପଷ୍ଟତର ହେଉ ଚଲାପଥ
ଏ ଅଲିଭା ଦୀପର ଉଦ୍‌ଭାସ୍‌ରେ... ।

ମନ୍ଦିର ନୁହଁ
ଦେହଦେଉଳରେ
ଆତ୍ମାର ଗର୍ଭଗୃହରେ
ନିତିପ୍ରତି ଏ ଜଳିଲା ଦୀପର ସୁରକ୍ଷା
ଆମରି ହାତରେ
ବିବେକର ବଳିତା
ପ୍ରଜ୍ଞାର ତରଳ ଇନ୍ଧନ
ଚୈତନ୍ୟର ଚଉହଦି ଦିବ୍ୟ ବଳୟରେ ।

''ଆ କା ମା ବୈ, ପାନଗୁଆ ଦେଇ
ପାନ ଗୁଆ ତୋର, ମାସକ ଧରମ ମୋର''

ବେପାରୀ ନୁହଁ
ଆସ ନିଜକୁ ସଜାଇବା ବୈରାଗୀ
ସାଧବଠୁଁ ଅଧିକ
ମାଧବଗୁଣର ସାତ୍ତ୍ୱିକ ପଣରେ
ମହକାଇବା ନିଜକୁ
ପବିତ୍ରତାର ପୂଣ୍ୟ ପରିଧାନ ପାଇଁ
ଆପ୍ରାଣ ପ୍ରଯତ୍ନରେ
ହିଂସା, ଦ୍ୱେଷ, ଈର୍ଷା, ଅସୂୟା
କାକୁସ୍ଥ, କାତରପଣର ବର୍ଜନରେ
କରିବା ଆଧ୍ୟାତ୍ମିକତାର ଆବାହନୀ
ଧର୍ମଧନର ଦୁର୍ମୂଲ୍ୟ ସଂଚୟନ,
ଅନନ୍ୟ ଆମଦାନୀ ।

ବିଳାସର ବଣିଜ ନୁହେଁ
ବିବେକର ଏ ବୋଇତି ଯାତ୍ରାରେ
ଅନ୍ତରାତ୍ମାର ଅଭ୍ୟନ୍ତର ହେଉ ସୁପହଞ୍ଚ
ଅନ୍ଧସ୍ତାବକତା ନୁହଁ
ଦିବ୍ୟଜ୍ଞାନ, ଦିବ୍ୟବୋଧ
ବିପୁଳ ମାନବିକତାର ଧନରତ୍ନରେ
ପୂରିଉଠୁ ଜୀବନଭଣ୍ଡାର
ପ୍ରଲମ୍ବିତ ଆୟୁଷର
ଆବର୍ତ୍ତ ଉଦଧି... ।

ଈଶ୍ୱର ହେ !
ଆଜିର ଏ ମହାର୍ଘ୍ୟ ବେଳାରେ
ଏତିକି ମାଗୁଣୀ ।

ନିରବ ଯୋଗ

ତପମନା ନିଶ୍ଚଳ ନିଥର
ପଥର ଖଣ୍ଡ ମୁଁ ଅବାଟର
ବିରୂପ କୃଷ୍ଣକାୟ ।
ରୂପ ପାଇବାକୁ ବ୍ୟଗ୍ର
ଉଦ୍‌ଗ୍ରୀବ ଆତୁର
ସାନ୍ନିଧ୍ୟ ଟିକକ ପାଇଁ
ତମ ନିହଣ ମୂନର... ।

ମୁଁ ଭାସମାନ କାଠଖଣ୍ଡ
ଜୀବନ ଉଦଧିର ବେଳାଭୂମିରେ,
କାହା ଆମନ୍ତ୍ରଣ ଅପେକ୍ଷାରେ
ଆତୁର ଅଧୀର
ଦେହରେ ବେହରଣ
ଗଢ଼ି ହେବା ସ୍ୱପ୍ନର
କାଳେ କେଉଁ ମହର୍ଷି ମୂର୍ତ୍ତିକାରର
ଉଜ୍ଜ୍ୱଳ ଅଦ୍ୱିତୀୟ ସ୍ପର୍ଶରେ
ଚୈତନ୍ୟ ଚେଇଁ
ପ୍ରାପ୍ତ ହେବି ଦିବ୍ୟତ୍ୱ... ।

ରକ୍ତ-ହାଡ଼-ମେଦ-ମାଂସର
ଜୀବନ୍ତ ପିତୁଳା ମୁଁ
ଯାହା ଜାଣେ, କେହି ଜଣେ
ଅଚିହ୍ନା ଶିଳ୍ପୀର ଶିଳ୍ପ ଭାସ୍କର୍ଯ୍ୟ
ହିଁ ମୋର ଅସ୍ତିତ୍ୱ ଓ ବିଶେଷତ୍ୱ ।
ପଙ୍କରୁ ପଦ୍ମ ପରି
ପ୍ରସ୍ଫୁଟନର ଆତ୍ମବୋଧରେ
ସଦା ସଜୀବ ମୋ ସତ୍ତା
କର୍ଦ୍ଦମାକ୍ତ ସଂସାର କାରାରେ... ।

ଏକ ଅବ୍ୟକ୍ତ ଆଲୋଡ଼ନ
ଏକ ଶାଶ୍ୱତ ଉତ୍ତରଣ
ଏକ ଅଧ୍ୟାତ୍ମ ଉନ୍ମୀଳନ
ଏକ ଚିନ୍ମୟ ସଂସ୍କରଣର
ପ୍ରତୀକ୍ଷାରେ ମୁଁ
ପାଣ୍ଡୁର, ପାଂଶୁଳ
ଯୋଗରତ ଭୋଗୀ
ନିୟତ କର୍ମାଚ୍ଛରର... ।
ମୋହମତ୍ତ, ମୁଁ ଏକ
ବିସ୍ମୟ ଜୀବାଂଶ ।

ଅଗ୍ନି ପରୀକ୍ଷା

ଯୋଗୀରେ !
ଅସ୍ତିତ୍ୱ, ଅସ୍ମିତା
ମାୟା, ମୋହ
ଭୟ, ଭ୍ରାନ୍ତି
କର୍ମ, କ୍ରାନ୍ତି
କେଉଁଥିରେ ତୋର ଆସକ୍ତି
କେଉଁଥିରୁ ଋହୁଁ ବିମୁକ୍ତି !

ଆହ୍ଲାଦ, ଅବସାଦ
କୋହ, ଲୁହ
ପ୍ରାପ୍ତି, ଅପ୍ରାପ୍ତି
ମିଳନ, ବିଚ୍ଛେଦ
କେଉଁ ସ୍ୱାଦ ତୋର ଆପଣାର
କାହାକୁ କରୁ ତୁ ସାତପର !

ଫୁଲ, ଫଗୁଣ
ଯାତ୍ରା, ଯନ୍ତ୍ରଣା
ମୃତ୍ୟୁ, ମଶାଣୀ

ଜନ୍ମ, ଯୂପକାଠି
ଭାଙ୍ଗି ପଡୁଥିବା ଦୃଶ୍ୟ
ଲିଭି ଆସୁଥିବା ଇନ୍ଦ୍ରଧନୁ
ଉଇଁ ଆସୁଥିବା ସୂର୍ଯ୍ୟ
ମିଳେଇ ଯାଉଥିବା ନଈପଠା
ଧସି ଯାଉଥିବା ପାହାଡ଼
ତୁ କାହାର ହେବୁ କହ
କାହାର ହବୁନି କହ !
କହ ତ ! ଫୁଲ ଫୁଟିବାର ବେଳ ନା'
ଥୁଣ୍ଟା ଗଛର କଅଁଳ ଗଜୁରା ପତ୍ର
କେଉଁ ଦୃଶ୍ୟ ତୋର ନିଜର !

ହବୁ କି !
କାଶତଣ୍ଡୀର ବିନ୍ଧାଣୀ
ଦୀର୍ଘଶ୍ୱାସର ମିଳନିକା
ଚହଲା ଛାତିର ଚମକ
ଭଗ୍ନ ଦୁର୍ଗର ଇତିହାସ
କୁଆଁରୀ କପାଳର କୁଙ୍କୁମ
ଲିଭିଲା ନଦୀର ଜଳଧାର
ଜଳନ୍ତା ଦୀପର ଶେଷଶିଖା

ହବୁ କି !
କଦମ୍ବ ବନର ଶୋକ
ଭଗ୍ନବୀଣାର ବେପଥୁ
ମଗ୍ନଅନ୍ଧାରର ଅଭିସାର
ଚନ୍ଦନଛୁଆଁ ଚନ୍ଦ୍ରରାତିର କୋହ
ଉନ୍ନିଦ୍ର କେଉଁ ଉଦାସ ଆଖିର ଲୁହ !

ଯୋଗୀରେ
ତୁ କାହାର ହବୁ କହ
କାହାର ହବୁନି କହ
କେଉଁଥିରେ ତୋର ଆସକ୍ତି !
କହ କେଉଁଥିରୁ ଚାହୁଁ ବିମୁକ୍ତି ! !

■

ଚିତ୍ରଶାଳା

ରଙ୍ଗବେରଙ୍ଗ
କଳା କଳ୍ପନାର ଚଷମା ପିନ୍ଧି
ବୟସ ବାଦରେ ନଥିବା
ଯୁବକ ପ୍ରୌଢ଼ ଶିଳ୍ପୀକୁଳ
ଚିତ୍ରାଗାରରେ କ'ଣ କ'ଣ କରୁଛନ୍ତି
କେହି ଗୁମ୍‌ସୁମ୍ ମାଟି ମନସ୍କ ତ
କେହି ଆକାଶ, କେହି
ବାସଭରା ଫୁଲବଣ ତ
ଉଡ଼ନ୍ତା ପକ୍ଷୀର ଉତ୍ସାହରେ କେହି କେହି
ଫେରିଲା ଅତୀତ ଓ କାଳ୍ପନିକ ଭବିଷ୍ୟର
ସ୍ଥିତିବାଦରେ ଉଡ଼ି ବୁଲୁଛନ୍ତି
ରୂପଖୋଜାରେ ଅବିଶ୍ରାମ ନିରବ ମୁଦ୍ରାରେ
କେହି କେହି କରାୟତ୍ତ
କାଠଗଡ଼ାରେ ବିବ୍ରତ ବର୍ତ୍ତମାନର
ଆଉ କେହି ମୌନ ମୁଗ୍ଧ, ଆତ୍ମହରା
ତୂଳୀ ହାତେ ଶ୍ରୀରୂପ ତୋଳାରେ... ।

କଳ୍ପନାରେ ଭାଙ୍ଗୁଥିବା ଯୋଡ଼ୁଥିବା
ଚିତ୍ର ଚରିତ୍ରର ଅନ୍ତିମ ଅନନ୍ତିମ
ରୂପରେଖ କ'ଣ ହେବ ନ ହେବ
ତା'ର ହିସାବ ନିକାଶରେ କେହିକେହି
ମତାଣିଆ ରଙ୍ଗ ବୋଳୁଛି
ମନ ଆଉ ହୃଦୟର ସଚେତ ସିନ୍ଦୁକରେ
ଏଇ ଯେ, ଛବିଏ ପାଇବେ ଜୀବନ୍ୟାସ
ରେଖାରେ, ରଙ୍ଗରେ... ।

ସଂସାରୀ ଗୁଣରେ
ବର୍ଣ୍ଣମାୟାର ଆକର୍ଷକ ଡାକରେ
ଶିଳ୍ପୀଟିଏ ଦେଖୁଛି କେତେ କ'ଣ
ଐଶ୍ୱର୍ଯ୍ୟ ହାରି ଭଗ୍ନପ୍ରାୟ
ମାଟିମୁହାଁ ରାଜ ଉଆସ,
ପ୍ରେମ, ପ୍ରଣୟ, ଲୁହ, ମୋହ
ହସ କୋହରେ ବଢ଼ୁରା କୋଠି
ଅନିନ୍ଦ୍ୟ ରାଣୀହଂସପୁର,
ସାମାଜିକ ମଞ୍ଚ ମଣ୍ଡପରେ
ପ୍ରାଚୁର୍ଯ୍ୟ ଓ ପ୍ରତିପତ୍ତି
ପ୍ରୀତି ପ୍ରତାରଣାର ଖେଳ
ଦୟା କରୁଣା ଶୋକ ସନ୍ତ୍ରାସ
ଆନନ୍ଦ ନିରାନନ୍ଦ, ଜନ୍ମ, ମୃତ୍ୟୁ
ଲୁହଲହୁ ଝାଳନାଳର ବାସ୍ତବ ଜୀବନ
ବୟସର ବିକଳାଙ୍ଗ କ୍ଷୟବୃଦ୍ଧି
ପୋଡ଼ାଜଳା, ଭଙ୍ଗାରୁଜା
ସ୍ୱପ୍ନର ନଅର ।

ଦେଖିଥିବା, ଭୋଗିଥିବା ଅଙ୍ଗେନିଭା
କେଉଁ ଭାବ ଅଭାବର ଦୃଶ୍ୟକୁ
କାବୁ କରିବ କାନ୍‌ଭାସରେ ଭାବୁଭାବୁ
ଘୂର୍ଣ୍ଣିବାତ ସମ ଘୂରିବୁଲୁଛି ଶିଳ୍ପୀ
ସୀମା ସରହଦ ଡେଇଁ
ଖାଲଖମା, ବନ କାନ୍ତାର ଡେଇଁ
ଗାଁରୁ ସହର, ଦେଶ ବିଦେଶ
ସୀମାନ୍ତ, ଶିଖର, ନଦନଦୀ ଡେଇଁ
ସମୁଦ୍ର ସେପାରି ଜଣା ଅଜଣା
କେଉଁ ଏକ ଲବଙ୍ଗ ଦ୍ୱୀପରେ
ନିରୋଳା ଚରିତ୍ରସହ ମୁହାଁମୁହିଁ
ନିବିଡ଼ ନିଛକ ଜୀବନ ଖୋଜାରେ
ଚିରନ୍ତନ ସତ୍ୟାଲୋକର ଆରାଧନାରେ... !

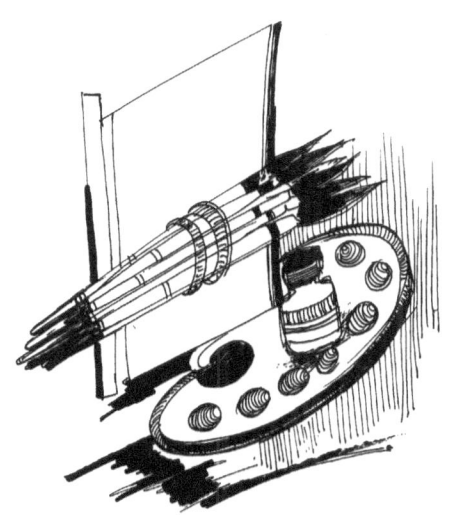

ରୂପଜୀବୀ

ରୂପ କି ଧରାଦିଏ ଏତେ ସହଜରେ
କଉ ସହଜ କି ଅବିକଳ
ରୂପର ଆକାର ପ୍ରକାରକୁ
ବାନ୍ଧି ରଖିବା ସୀମିତ କଳାକୌଶଳ
ଅର୍ଜିତ ଆବେଗ, ଅଭିଜ୍ଞତାର
ରେଶମୀ ରଜ୍ଜୁରେ, ଦୃଶ୍ୟ ଅଦୃଶ୍ୟ
ପକ୍ୱ, ଅପକ୍ୱ ରେଖାରେ, ରଙ୍ଗରେ ପୁଣି
କନା କି କାଗଜର
ସସୀମ କୁଣ୍ଠିତ କଳାପଟାରେ... ।

ଆଜୀବନ ପାରିଧିରେ
କଳା କୌସ୍ତୁଭର ସନ୍ଧାନରେ
ଶିଳ୍ପୀଟିଏ ନୟାନ୍ତ
ପାଇଲେ ପାଏ, ଆତ୍ମଲୀନ ହେଲାପରେ
ଚିତ୍ର ଚରିତ୍ରର ସ୍ୱରୂପ
ସାକାର କଳାପରେ ସାଉଁଟା ସଞ୍ଚିଳା
ସର୍ଜନାର ଷଠୀଭେଦ, ଜ୍ଞାନ ଓ ଗୁମର ।

ଏବେ ଯେ ଚୂଡ଼ାନ୍ତ ସମୟ
ରଙ୍ଗଖେଳର ଅନ୍ତିମ ପର୍ବ

ଲୁହଲହୁରେ ଆଙ୍କିଥିବା ଚିତ୍ରରାଜିରେ
ମୋହର କି ଶିଳ୍ପୀ ସ୍ୱାକ୍ଷରର ବେଳ
ଶିଳ୍ପୀ କାହିଁ ! ଶିଳ୍ପୀ ନାହିଁ ଲୋଡ଼ିଲା ବେଳକୁ...
ସ୍ରଷ୍ଟା କହେ କେହି ନୁହେଁ, କେହି ନୁହେଁ ମୁହିଁ
ଯଥାର୍ଥରେ ଶିଳ୍ପୀ ସେହି
ଗଢ଼ିଛି ଯେ ପରିବ୍ୟାପ୍ତ ବିଚିତ୍ର ବ୍ରହ୍ମାଣ୍ଡ ।

ଅନାୟାସରେ ଯେ ଶିଳ୍ପୀ, ରୂପଧର
କାନ୍‌ଭାସ୍‌କୁ ଓଟାରି ଆଣିପାରେ ଆକାଶ
ଅନ୍ଧାର ଓ ଆଲୋକକୁ କଳା ଓ ଧଳାରଙ୍ଗରେ
ଛାଟିପାରେ ଆକାଶକୁ, ଆକାଶର କପାଳରେ
ନାଲିରଙ୍ଗ ଟୋପାକରେ ଯୋଖିପାରେ ସୂର୍ଯ୍ୟ
ଟୋପେ ହଳଦୀ ବିନ୍ଦୁରେ ହିରଣ୍ୟର ଆଭା
କଳ୍ପିତ ଜହ୍ନର ଦେହେ
ଖଞ୍ଜିପାରେ ଆକାଶି ଐଶ୍ୱର୍ଯ୍ୟ
ବିଶ୍ୱ ତା'ର ସୁରମ୍ୟ ଶିଳ୍ପ ସମାହାର,
ରୂପ ରଙ୍ଗର ମନୋଜ୍ଞ ଆସର ।

ସେ
ଇତର ଦାସ ଅନୁଦାସ
ରେଖା ରଙ୍ଗର କାରିଗର,
ଶିଳ୍ପୀଶ୍ୱର ବିଶ୍ୱକର୍ମାଙ୍କର
କଳାକେଳି କ୍ଷୁଦ୍ରଭୋଗୀ, ସେ କେବଳ
ନିମିତ୍ତ ନକଲକାର, ସାମାନ୍ୟ ରୂପଜୀବୀ
ଜୀବନ୍ତ ଏ ଜଗତରେ
ଆତଯାତ, ପ୍ରତିଭାତ ଯେତେସବୁ ଘନଘଟା
ଅନୁଭବ ବ୍ୟକ୍ତ ଓ ଅବ୍ୟକ୍ତ, ଘଟଚକ୍ର,
ଘଟବାହୀ ସତ୍ତା ସକଳର... ।

■

ତାରକ ଶଙ୍କର

ଶ୍ୱାସକୁ କି ବିଶ୍ୱାସ ହୋ !
ଏବେ ଅଛି, ଏବେ ନାହିଁ,
ନାଡ଼ି ନାହିଁ ତ ନାଚ ଶେଷ,
ଛାତି ଥ, ନାକପୁଡ଼ା ବି... ।

ସବୁକିଛି ଆକସ୍ମିକ, ଅଘୋଷିତ ।

ଶିଳ୍ପୀ ଅସ୍ମିତାକୁ ଟୋପି କରି
ଛ'ଫୁଟିଆ ଯେଉଁ ଡେଙ୍ଗାପାତଳା ମଣିଷଟା
ଜୀବନସାରା ଯେ ରଙ୍ଗଖେଳରେ ମଜ୍ଜି ଥିଲା
ଆଜି ତା'ର ଦେହାନ୍ତ ଦିବସ...
ତା. ଅଣତିରିଶ, ତିନି, ଏକୋଇଶ
ବୟସ ବେଶୀ ହେଲେ ଅଶୀ-ବୟାଅଶୀ ।

ମଡାଦେହରେ ବି ସତେଜ, ସଫେଦ
କାନଭାସ ପରି ତା' ମୁହଁ, ବେଶ୍ ତାଜା
ମୁହଁସଜା ଧଳାରଙ୍ଗର ଚେକାକ ଦାଢ଼ି ।

ରଙ୍ଗଖେଳରେ ଖେଳୁଆଡ଼
ଆଖିମୁଦି ଯୋଗାସନରେ ଯେମିତି
କଳ୍ପନାରେ ଭାଙ୍ଗୁଛି, ଗଢୁଛି

ଚିତ୍ର, ଚରିତ୍ର, ଚଉପାଢ଼ି
ଆଗାମୀ ଛବିର ରଙ୍ଗନ୍ୟାସ ପାଇଁ ।

ତାରକ ଶଙ୍କର କି ଦୀନନାଥ
ହୁସେନ୍ ହୁଅନ୍ତୁ କି ହାଇଦର
ରବୀନ୍ଦ୍ରନାଥ କି ରବି ବର୍ମା
ଶିଳ୍ପୀ ବଞ୍ଚୁ ଥାଏ...
କଳା କଳ୍ପନା ଓ ବିବର୍ଣ୍ଣ ବାସ୍ତବତାର
ଦ୍ୱୈତ ଭୋଗରେ...
ରଙ୍ଗ ଗୋଳେ ରକ୍ତରେ
ଭାବଭୋଳ ମାତାଲି ନିଶାରେ
ରକ୍ତରେ ଆଙ୍କେ ଛବି
ଆୟୁଷ ସାରିଦିଏ ବେହିସାବ୍
ଅନିତ୍ୟ ସଂସାରର ସତ୍ୟ ଖୋଜାରେ
ରେଖାରଙ୍ଗର ଖିଆଲିପଣରେ
ଅହରହ ଭେଟୁଥାଏ ନପସିଜକୁ
ଲୁହଲହୁର ନିତି ମାଜଣାରେ
ଝଟକାଉଥାଏ...
କମକୁଟ କଳାର କୋଣାର୍କ ।

କାଗଜ ହେଉ କି କନା ସିଲଟ
ପାଟ, ପଥର କି କାନ୍ଥ କବାଟ
ଆଶ୍ଳେଷ ଅଜାଡ଼ି...
ଆଉଁସି ଦେଲେ ଆପଣାର ସର୍ଜନା
ଆତ୍ମସନ୍ତୋଷରେ ଭରିଉଠେ ହୃଦୟ
ପେଟ ପୂରେ ତୃପ୍ତି ଆଉ ଆହ୍ଲାଦରେ,
ଭୁରି ଭୋଜନରେ... ।

ଛାଇ ଆଲୁଅର ହିସାବ ନିକାଶରେ
ଛବି ଛନ୍ଦିବାରେ ଓସ୍ତାଦ୍ ଆଜି
ଖୋଦ୍, ମରଣ ପାଶରେ ଛନ୍ଦା,
ବନ୍ଦୀ ନିୟତି ନିୟମରେ... ।

ଏଇ ତ,
ଦି'ଦିନ ତଳେ
ସାଇତା ଶିଳ୍ପର ଚିତ୍ର ଚରିତ୍ରଙ୍କ ସଙ୍ଗେ
ସାରାରାତି ବିନ୍ଦାସ୍ ବିଭୋର ଥିଲା
କଳ୍ପନାର କାରିଗର
ରଙ୍ଗ ରାଇଜର ରାଜା ।

ସୁଖ, ଦୁଃଖ, ହର୍ଷ, ଉଲ୍ଲାସ
ପ୍ରେମ, ବିରହର ସ୍ୱାଦ ବାଣ୍ଟୁବାଣ୍ଟୁ
ଛବିଏ ବନ୍ଧୁ ବାନ୍ଧିଥିଲେ
ଭାବର ବିନ୍ଧାଣି ସଙ୍ଗେ ।

ଚିତ୍ର, ଚରିତ୍ରର ଦୁର୍ମୂଲ୍ୟ, ଦୁଷ୍ପ୍ରାପ୍ୟ
ଏ ରୂପ ହିଁ ତ ରୂପଜୀବୀର ଧନ ।

କେହି କି ରଖିଛି ହିସାବ !
ଖଡ଼ିତୂଳୀରେ ଓଁକାର ସାଧିଛି
କେତେ ଯେ କଅଁଳ ହାତ
ଗୁରୁଙ୍କର ଦିବ୍ୟ ପରଶରେ...
କଳାଦୃଷ୍ଟିରେ ଚମକିଛି
କେତେ ଅନ୍ଧଆଖି... ।

ଚିତ୍ର ଚିନ୍ତନରେ ବାଇ, ଶିଳ୍ପୀର ଜୀବନ ନଈ
କାଳ କାଳାନ୍ତର...
ଭାବନାବ ଭାସୁଥାଏ, ତୂଳୀ ଗଢ଼ଳନାରେ... ।

କଳା ଆକାଶରେ
'ତାରକ'ଙ୍କ ପରି
ଯେତେସବୁ ଶିଳ୍ପୀ ତାରକା,
ତାଙ୍କ ଅନ୍ତଃନାଡ଼ିରେ
ଭାବ ଆଉ ଭାବନାର
ସୃଷ୍ଟି ଆଉ ସର୍ଜନାର
ଅନନ୍ତ ଅୟୁତ ସମାୟନ... ।

ହୁଏ ତ, ସେଥିପାଇଁ
ଛାତି ପିଟି କହି ହୁଏ...
କେହିଜଣେ ଅଦେଖା ଶିଳ୍ପୀର ଶିଳ୍ପାୟନ
ଏ ସାରା ଦୁନିଆ...
ଶିଳ୍ପୀ ହିଁ ପରମଙ୍କ ପ୍ରତିରୂପ
ସୃଷ୍ଟି, ସ୍ଥିତି, ପ୍ରଳୟର ସର୍ବମୟ କର୍ତ୍ତା
ସୃଜନ ହିଁ ଅମୃତ ମଣୋହି,
କଳା ମୂଳେ ଏ ଜଗତ, ସୃଷ୍ଟି ସଂରଚନା ।

■

କଫିନ୍‌ରେ ତୁ

ନ ପାଇ ପାଇବି ବୋଲି ତ
ତୋ ଅଣଉତୁରା ନିଶାରେ ଥାଏ ମୁଁ
ମଗ୍ନମନରେ ତୋ' ପାଇଁ
ମୋ ଶୂନ୍ୟ ଶିଡ଼ିର ଆରୋହଣ ।

ନ ପାଇ ପାଇବି ବୋଲି ତ
ସାରା ଜଗତରେ ବାଣ୍ଟି ଦେଇଛି ତତେ
ଜହ୍ନରେ, ତାରାରେ, ମେଘରେ, ମାଘରେ
ଗଛରେ, ପତ୍ରରେ, ଜାଗତିକ ପ୍ରତିଟି ଚିଜରେ
ଅଣୁ ଅଣୁ ଚିତ୍ର ଚରିତ୍ରରେ...
ତୋତେ ମୁଁ ଭେଟୁଥାଏ ନିରନ୍ତର
ଜଳସ୍ଥଳ, ଗଗନପବନ, ସଚରାଚରରେ ।

ତୁ ପାଶୋର ନ ଯିବୁ ବୋଲି ତ
ସାଇତି ରଖିଛି ମୃତ ପ୍ରଜାପତିର ଡେଣା,
ବିଦଗ୍ଧ ସ୍ୱପ୍ନପେଡ଼ି,
ଦରପୋଡ଼ା ପ୍ରେମନୀଡ଼ର
ଦରଜଳା କୁଟାକାଠି,
ପୋଡ଼ାସପନର ପାଉଁଶ ।

ନ ପାଇ ପାଇବି ବୋଲି ତ
ଯତନରେ ତୋତେ ସାଇତି ରଖିଛି
ସ୍ମୃତି ମଣ୍ଡପରେ, ସମ୍ପର୍କର ସ୍ୱଚ୍ଛ କଫିନ୍‌ରେ
ସଦା ସତେଜ ଗୋଲାପ ଶଯ୍ୟାରେ... ।
ନିତି ସତେଜୁଛି, ଅତୁଟା ଅତୀତରେ ମନ୍ତୁରା ପାଣିରେ... ।

ଜାଣିଚିରେ ଭଅଁର

ଜାଣିଚିରେ ଭଅଁର
ତୁ ଆଜନ୍ମ ଉଦ୍‌ଯୋଗୀ, ବ୍ରହ୍ମଚାରୀ
ନିର୍ବିକାର, ସତ୍ୟାନୁସନ୍ଧାନରେ ଅହରହ
ନିଖୁଣ କାରିଗରୀ କୌଶଳରେ
ଗଢ଼ି ଚାଲିଛୁ ସଂସାର ସାର
ଅମୃତ ରେଣୁର ମଧୁକୋଷ ।

ଜାଣିଚି,
ତତେ ନିଷିଦ୍ଧ ଅଛି ପଦ୍ମବନ
ବାରଣ ଅଛି ସମ୍ଭାବ୍ୟ ସ୍ୱପ୍ନର ଅୟନ ।

ତୁ ଯେ ମହାଯୋଗୀ
ସମର୍ପଣର ନିରବ ସ୍ନାନରେ
ଜାଳିବୁ ଅହମିକା
ଜିଣିବୁ ଜତୁଗୃହ, ଜଗତ
ନିଷ୍କଣ୍ଟକ, ଅପ୍ରତିରୋଧ ।

ଜାଣିଚି,
ଅନ୍ଧାରରୁ ଆଲୋକକୁ
ତୋର ଏ ଅନ୍ତର୍ଯାତ୍ରା
ଉର୍ଜାର ଉନ୍ମୁକ୍ତ ଆବାହନ
ଅବ୍ୟକ୍ତ ଆଲୋଡ଼ନର ଜୀବନ୍ୟାସ !
ଆବେଗ ଓ ଆସ୍ପୃହାର
ଦ୍ୱୈତ ପରଶରେ
ଉତ୍ତରିତ ଆତ୍ମ ଉନ୍ମୋଚନ !
ନବୋନ୍ମେଷୀ ଅନ୍ତଃ ପ୍ରସ୍ଫୁଟନ... ।

ଜାଣିଚିରେ ଭଅଁର !
ଆପେ ଆପେ
ଦିନେ ନା ଦିନେ
ତୋ' ପାଇଁ ଖୋଲିଯିବ
ଝିଲଦିଆ କରାଟ... !

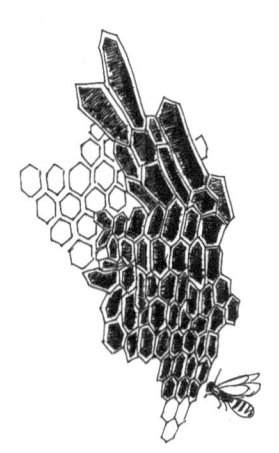

BLACK EAGLE BOOKS

www.blackeaglebooks.org
info@blackeaglebooks.org

Black Eagle Books, an independent publisher, was founded as a nonprofit organization in April, 2019. It is our mission to connect and engage the Indian diaspora and the world at large with the best of works of world literature published on a collaborative platform, with special emphasis on foregrounding Contemporary Classics and New Writing.